最令学生着迷的百科全景

人类历史上
100 位名人

张哲 编

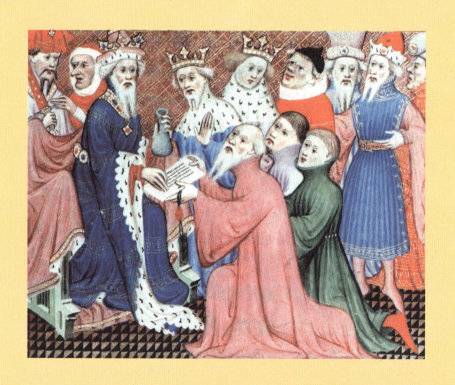

APTIME
时代出版

时代出版传媒股份有限公司
安徽科学技术出版社

图书在版编目（CIP）数据

人类历史上 100 位名人/张哲编. —合肥：安徽科学技术出版社，2012.11

（最令学生着迷的百科全景）

ISBN 978-7-5337-5508-9

Ⅰ．①人…Ⅱ．①张…Ⅲ．①名人－生平事迹－世界－青年读物 ②名人－生平事迹－世界－少年读物 Ⅳ．①K811-49

中国版本图书馆 CIP 数据核字（2012）第 050330 号

最令学生着迷的百科全景

人类历史上 100 位名人 ■ ■ ■

人类历史上 100 位名人　　　　　　　　　　　　张哲 编

出 版 人：黄和平　　　　责任编辑：吴　夙　　　封面设计：李　婷

出版发行：时代出版传媒股份有限公司　　http://www.press-mart.com

安徽科学技术出版社　　　　　http://www.ahstp.net

（合肥市政务文化新区翡翠路 1118 号出版传媒广场，邮编：230071）

印　　制：合肥杏花印务股份有限公司

开本：720×1000　1/16　　　印张：10　　　　字数：25 万

版次：2012 年 11 月第 1 版　　印次：2023 年 1 月第 2 次印刷

ISBN 978-7-5337-5508-9　　　　　　　　定价：45.00 元

前言

　　虽然我们现在身处科技发达、物质丰富的时代,但回头注视波澜壮阔的历史岁月,赞叹人类灿烂瑰丽的文明时,总有一些人或事令我们怦然心动,让我们永远铭记。

　　在历史的长河中,对人类产生过深远影响的人物灿若星河。他们拥有睿智的目光、深远的思想、博大精深的智慧,是各领域中杰出的领袖。其中,有些是在风云变幻的历史时刻高瞻远瞩、力挽狂澜,成为强大的执政者;有些则是在自然、科学、艺术等方面作出了巨大贡献,为后世留下了难以估量的财富。他们的丰功伟绩令我们震撼,深深影响着人类的思维方式和整个社会的进程。

　　本书为读者呈现了人类历史上最具震撼力的 100 位人物,除用生动的文字介绍他们不平凡的人生外,还配以大量珍贵的历史图片,希望能使读者清晰地看到世界发展的轨迹,感受到每一个伟大时代的精神。

目 录
Contents

荷 马

Homer 希腊史诗的吟唱者

相传荷马是古希腊诗人,他因《荷马史诗》而闻名世界,流传千古。同时,他也是一位四处游吟的盲歌者,用音乐和歌声诠释着自己艰辛而快乐的生活。虽然荷马这个人是否真实存在,目前尚无定论,但是《荷马史诗》在西方文学界的贡献是无可争辩的。

有关荷马的生平及身世,目前还没有可靠的传记资料,但古代曾有过种种神话般的传说。按照公元前 5 世纪希腊历史学家希罗多德的说法,荷马约生于公元前 850 年。当时正值希腊氏族解体、奴隶制开始形成时期,即英雄时代。关于荷马的出生地,也是众说纷纭、莫衷一是,但史诗中使用的语言可以表明,荷马应该来自爱琴海东岸的伊奥尼亚。

传说中,荷马是一个盲人,他常常带着一把破旧的七弦琴流浪在热闹的街巷,以歌乐维持生计。据资料显示,古代的职业歌手或文学艺人中,常以盲人居多。他们有的是因为生病导致失明选择这种职业,有的则是被人弄瞎而成为专事歌乐的奴隶。从《荷马史诗》精彩的视觉形象的比喻来看,如果荷马真的是盲人,也一定不是天生的,

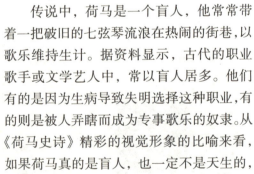

《荷马和他的向导》也是一部史诗,画家布格罗以写实主义造型手法,真实地描绘了这位伟大的盲诗人在与他共命运的小向导引导下,走遍希腊各地搜集整理民间传说,汇集而成伟大的《荷马史诗》。

🌸 木马计。18世纪画家G. D · 蒂波罗根据荷马的作品《伊利亚特》描述的内容所作的画。

否则那些鲜明而逼真的刻画就无法解释。

　　毫无疑问，荷马的名字之所以永垂不朽，与他的杰出作品《荷马史诗》密不可分。《荷马史诗》是人类早期最宏伟的文学杰作，它被认为是欧洲文学史上最早的艺术珍品。

　　《荷马史诗》共分为两部——《伊利亚特》和《奥德赛》，共48卷，27 803行，其规模宏大，内容丰富，用神话的形式描绘了氏族社会向奴隶制社会过渡时期希腊广阔的社会生活，在艺术上和思想上都堪称是古代文化的集大成者。其中《伊利亚特》24卷，共15 693行，描写的是希腊人围攻特洛伊城的故事，以奥德修斯攻占了特洛伊城，希腊人取得胜利而告终。另一部史诗《奥德赛》也是24卷，共12 110行，描写的是特洛伊战争后，希腊英雄伊达卡王奥德修斯在归途中海上历险的故事。故事的结果是奥德修斯和他的儿子一起杀死了求婚人和背叛他的奴隶，重新登上了伊达卡王的宝座。这两部史诗中所体现的集体主义和英雄主义精神，肯定正义、斥责邪恶等，对我们来说具有很大的认识论意义和研究价值。

　　至于《荷马史诗》是在什么时候完成的，现在还无法确定。据说在公元前6世纪，雅典统治者庇西特拉图曾经命令文人学士在宫廷里对《荷马史诗》进行过记录整理。如果这一说法的确属实，世人就要感谢庇西特拉图了，因为史诗若不是在刚刚问世时就被记载下来，恐怕这样的鸿篇巨著是很难完整地被保留下来的。

　　大约在公元前3～前2世纪，亚历山大港博学园的学者对这两部史诗又进行了加工编订，这才有了我们今天所见到的《荷马史诗》，即史诗的最后定稿。从此，希腊人一直把它们看作是自己民族至高无上的艺术精品而加以保留并使之流传。

　　《荷马史诗》在西方古典文学界享有很高的声誉，无产阶级的伟大导师马克思曾给予它极高的评价，说它具有"永久的魅力"，是"一种规范和高不可及的范本"。

　　历史上究竟有没有荷马这个人？《伊利亚特》和《奥德赛》真的出自他之手吗？这是西方学术界争论已久的两个问题。我们先将荷马其人是否真实存在搁置一边，仅从《荷马史诗》开创了西方文学的先河来说，此著的作者就值得后人永远纪念。

🌸 **用心灵听歌的孩子**

　　一天，荷马独自坐在海边。忽然，一阵优美的乐曲从远处传来，随后有人伴着琴声歌唱。过了一会儿，歌声停止了，荷马感觉有人来到他身旁。荷马扶着礁石站起来，恳求道："您为什么不唱了呀？我从没有听过如此动听的歌声，继续唱下去好吗？"歌手说："孩子，你的双眼虽然看不见，但你的听觉非常灵敏，你是在用心灵听我歌唱。"说着，歌手把七弦琴递给荷马，亲切地说："这是每位歌手必须学会的乐器，孩子，让我现在就教会你。"从此，荷马成了一位盲歌者。

释迦牟尼
Gautama Buddha
菩提树下悟道的佛陀

释迦牟尼是佛教的创始人，他没有国家、没有政权、没有军队，却是无冕之王，他的声望和影响足以转化为更巨大的力量。立德、立功、立言，释迦牟尼都做到了，这对于生命个体而言，的确是一个奇迹！

作为佛教的创始人，2600 年来，释迦牟尼一直受到佛教徒的礼拜和敬仰，他的思想也对后世有着巨大的影响，佛教也是今天世界上最重要的宗教之一。

释迦牟尼，姓乔达摩，名悉达多，据说他原是古代迦毗罗卫国的太子。迦毗罗卫国是位于喜马拉雅山脚下的一个小王国。悉达多的父亲名叫首图驮那，汉译"净饭王"。母亲名叫摩诃摩耶，是邻国的公主，她 45 岁时才怀孕。根据当地风俗，妇女怀孕后必须回娘家生育。摩诃摩耶在回娘家途中，路经蓝毗尼花园时生下了太子，就为其取名"悉达多"，意为"成就者"。此外，因为悉达多属于释迦族，所以成道后即被称为释迦牟尼，意思是"释迦族中的圣人"。

关于释迦牟尼的生卒年月，有很多种说法，比较可靠的说法是，他生于公元前 565 年，卒于公元前 485 年。据佛教传说，释迦牟尼出生后 7 天，他的母亲就去世了，一直由姨母抚养长大。作为太子，悉达多幼年的生活非常优越，拥有适合不同季节居住的宫殿，饮食丰盛，衣饰华贵。父亲净饭王也对他寄予厚望，从小就从各方面对他进行了严格的教育和培养，希望他能继承王位，成为一位一统天下的君王。为此，释迦牟尼曾向婆罗门大师学习文学、哲学、算学，跟武士学习兵法和武艺等多种本领。16 岁时，悉达多奉父命与

🌸 释迦牟尼在菩提树下觉悟成道

表妹耶输陀罗结婚，并生有一子，名"罗怙罗"。悉达多一直在无忧无虑中过着养尊处优的生活。

然而，29 岁时发生的一件事却改变了悉达多的一生。一天，他坐车到城外的园林中游玩，途中先后遇到一位老人、一位病人、一具尸体和一名乞食的苦行僧，他忽然觉得世事无常，人人都难逃年老、疾病、死亡和贫穷的痛苦，终生要被烦恼困扰，于是便开始思索人生的真谛。后来，悉达多不顾父王的劝阻，毅然别妻离子，舍弃王位，剃除须发出家修行。

悉达多出家后，先到跋伽仙人的苦修林修行，以种种苦行折磨肉体，但是依然无法求得精神的解脱。之后，他又跟随数论派先驱者修习禅定，但仍然没有达到理想的境界。于是，他又到尼连禅河畔的森林中苦修。他坚持了大约 6 年的时间，仍然徒劳无获，并没有找到问题的答案。随后，悉达多在尼连禅河里洗去了 6 年的积垢，接受了牧羊女供献的乳粥，恢复气力后来到了河边的菩提树下，双腿结跏趺坐，端正心念，沉思人生的真谛。据说他曾发誓："我今若不证无上大菩提，宁可碎此身，终不起此座。"经过七七四十九天，悉达多感到心里平静，烦恼不再升起，终于觉悟成道。当时，他已经 35 岁了。从此，悉达多被人们称为"佛陀"或"佛"，意思是真正的觉悟者。

此后，释迦牟尼开始云游四方，广收弟子，足迹踏遍了恒河中下游的各个地区，使佛教的影响逐渐扩大。释迦牟尼所创立的思想、行为模式已经逐渐成为一种道德标准，历史上数以十亿计的佛教徒对他顶礼膜拜。他没有写过什么著作，但他的言语却成为无数人恪守的处世原则，并广为发扬。

佛教徒认为释迦牟尼"能仁"、"能儒"、"能忍"和"能寂"，因其族为释迦族，所以他成道后被尊称为释迦牟尼，意即"释迦族的圣人"。

初转法轮

释迦牟尼出家后，净饭王多次派人劝说都没用，只好在亲族中选派了阿若陈矫如等五人伴随他。释迦牟尼成道以后，形成了自己独特的观察和分析事物的观念。为了使自己的思想学说被他人理解和接受，他开始了长达 45 年的传教活动。他首先在波罗奈斯城外的鹿野苑向阿若陈矫如等五人宣讲教说，后来五人贩依了他。这次说教被佛教称为"初转法轮"。

佛陀的诞生

泰勒斯
Thales 科学之祖

泰勒斯是人类历史上第一位哲学家、天文学家、几何学家，此外，他在数学、农学等方面也有很高造诣，是名副其实的"科学之祖"，被尊为"希腊七贤之首"。泰勒斯的一生丰富多彩，他是一展飘扬在愚昧社会上空的鲜明旗帜。

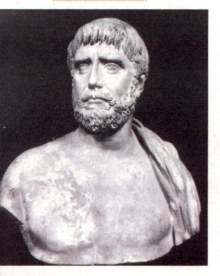

泰勒斯在天文学、数学、哲学等方面都取得了巨大成就，他所提出的理论和定理一直沿用至今。泰勒斯无愧于"科学之祖"的称号。

由于历史悠久，史料缺乏，我们现在已经很难查考有关泰勒斯的出生年月和生平事迹，只能根据现有的资料大概了解与他有关的一些信息。

相传，泰勒斯出生在地中海东岸爱奥尼亚地区的希腊殖民地城邦——米利都城。他的父亲是一位奴隶主，因此，泰勒斯从小就受到了很好的教育。青年时期，泰勒斯曾到过埃及和巴比伦，他分别从埃及学到了先进的几何知识，从巴比伦学到了先进的天文知识，这些经历为他以后的发现奠定了坚实的基础。回国后，泰勒斯亲自创办了米利都学派，即古希腊朴素唯物主义，从而形成了西方哲学史上第一个哲学学派。

泰勒斯的哲学观点用一句话来总结就是"水生万物，万物复归于水"，他认为世界本原是水。这对后世科学和哲学的发展具有指导性作用。因此，恩格斯称泰勒斯的观点是"一种原始的、自发的唯物主义"。

当时，自然科学还很落后，人们把一切自然现象都看成是神灵的创造和安排。一天，在地中海东岸小亚西亚地区曾发生了一次日食。当明亮的太阳渐渐被一团黑影遮住时，人们异常恐惧、惊恐万状，以为是魔鬼来到了人间，并且将要吃掉太阳。然而，泰勒斯却不相信这种太阳被魔鬼吃掉的说法，认为这只是存在于自然界中的一种自然现象，与魔鬼无关。于是，在接下来的几年里，泰勒斯开始对日食进行了不懈的研究，最终掌握了日食发生的规律，并在一次日食预报中证实了自己的猜想。

泰勒斯对天文学的另一个重要贡献就是测量出了太阳的直径。在古希腊，人们仅仅通过目测，一直认为太阳非常小，大概只有 0.33 米左右。善于思考的泰勒斯对这说法又产生了怀疑，经过长期反复的观察、思考和计算后，泰勒斯终于公布了自己的测量结果。他认为太阳非常大，直径大约是黄道的 1/720，大约是 131 万千米。我们已经知道太阳的直径是 139 万千米，泰勒斯当年的计算结果只比这个数字小一点，他能在当时的社会条件下得出这个结果，简直是个奇迹。

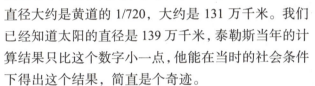

对金字塔高度的测量，是泰勒斯在数学方面取得的一项了不起的成就。

有一天晚上，泰勒斯独自走在旷野之间，抬头看着天空。虽然当时满天星斗，但是他却预言第二天会下雨。突然，他的脚不小心踩到一个大坑里，随后整个身体也掉了进去。当路人把他救起时，他说的第一句话就是："你知道吗？明天会下雨啊。"从此，有了这样一种评价：天文学家是只知道天上的事情而不知道脚下发生什么事情的人。两千年之后，德国哲学家黑格尔说："一个民族只有有那些关注天空的人，这个民族才有希望。如果一个民族只是关心眼下脚下的事情，这个民族是没有未来的。而泰勒斯就是标志着希腊智慧的第一个人。"

除哲学和天文学外，泰勒斯在数学、农业方面也有杰出的贡献。他在埃及求学期间曾运用射影等比定律得出了金字塔的高度，这在当时是一项了不起的成果。在农业方面，泰勒斯看到古希腊各城市历法混乱，于是引进了古埃及的太阳历，这也是世界上第一种太阳历，对农业生产非常有帮助。

大约在公元前 547 年，泰勒斯逝世，人们在他的墓碑上刻着这样的话：这里长眠的泰勒斯是最聪明的天文学家，是米利都和爱奥尼亚的骄傲。

知识无价

泰勒斯曾一度因为贫困而遭到人们的轻视，但是他对此不以为然。一年冬天，他运用天文学知识预测到来年橄榄将大丰收，便用非常低的价格租用了当地所有的橄榄榨油机。第二年，橄榄果然大丰收，榨油机的租金瞬时涨了很多倍。此时，泰勒斯又把自己廉价租来的榨油机再高价租给别人。这样一来，他从中赚了很大一笔钱。他用事实向人们证明，知识是无价之宝，它比黄金更加宝贵。

孔 子
Confucius 中国思想文化的集大成者

孔子是儒家文化的创立者和传播者,由他所创立的儒家思想在中国的影响源远流长,两千多年来无时不沉淀在每个中国人的脑海里。在中国历史上,很少有人能像孔子那样对后世有如此大的影响。

孔子是儒家学派的创始人,中国思想文化的集大成者,堪称传统文化的巨人。他的哲学重视个人道德,推行服务人民并由道德范例来治理国家,自汉代以来就成为 2 000 多年封建社会的正统思想。

孔子,名丘,字仲尼,公元前 551 年左右出生于鲁国陬邑昌平乡(今山东曲阜东南)。孔子的先辈曾是宋国的贵族,后来,他的曾祖父孔防叔为了躲避战祸,便携带家眷从宋国逃到了鲁国,这样,孔子一家就成了鲁国人。

孔子的父亲名叫孔纥,是当时一位很知名的武士,曾担任鲁国的军官。到晚年,孔纥又娶了一位名叫颜征在的女子。后来,颜氏到尼丘向神明祈祷才怀有身孕而生下孔子,为了表示纪念和感激之情,便为孔子取名为丘。

公元前 549 年,孔纥去世,孔子不到 3 岁就失去了父亲。颜氏因为在孔家遭受歧视,便带着年幼的儿子离开老家陬邑昌平乡,搬到了曲阜(今山东曲阜),靠自己的双手抚养儿子。在这样艰苦的环境下,饱受磨炼的孔子从小就积极向上,埋头于"六艺"的自学,并且在 15 岁时就立下了远大的政治抱负,希望有所作为。他 17 岁时,母亲颜氏也去世了,孔子学习更加刻苦。成年后,孔子做过管理

🌸孔子和齐国太师谈论音乐,听了传说舜作的乐曲后,沉醉其中,以至三个月都尝不出肉的香味来。

仓库和牧场的小官。不久，他又离开鲁国，去了齐、宋、陈、魏、蔡等国，过着奔波不定的生活。后来，因为得到鲁君的资助，他又前往周国学礼。据说还曾拜见老子，亲自聆听过老子的教诲。大约30岁时，孔子的学问已经达到相当渊博的程度，当时有很多人都愿意拜他为师。从周国返回鲁国之后，孔子门下的学生更是与日俱增。

孔子讲学图。孔子循循善诱，教学有方，每天都有很多人来向他请教。

为了使普通老百姓也能接受教育，孔子开始广收弟子，成为中国开创私人教学的第一人。他主张"有教无类"，求学者不论身份、地位都可以到他那里学习，于是就有一大批下层平民到孔子的门下接受教育。据说孔子一生接收的弟子达到了 3 000 多人，其中有 72 人精通"六艺"，史称"72贤人"。孔子的这一壮举，在我国的教育史上具有划时代的意义。

公元前 517 年，鲁国发生内乱，孔子便来到齐国，得到齐景公的召见和赏识，但齐景公却因为年老力衰无法起用孔子。之后，孔子回到鲁国，继续教学，逐渐形成儒家学派。公元前 501 年，孔子 50 岁时，鲁定公任命他为鲁国中都宰，一年后孔子因成绩显著，升为司寇。后来，鲁定公受到齐国诱惑，疏于朝政，孔子气愤之余离开了鲁国。至此，孔子开始了长达十几年的周游列国的生活，却一直没有得到重用，便于公元前 484 年回到鲁国，开始全力进行教育和整理文化典籍的工作。

公元前 479 年，孔子因病去世。他的弟子及再传弟子将他生平的重要言行整理后集成《论语》一书。此书集中反映了孔子的思想，对后世影响很大。孔子的思想核心是"仁"的学说。他认为"仁"就是"爱人"，即人们应该彼此相爱，都应该把别人当做自己一样来看待，而且要设身处地地考虑他人的利益。

孔子的思想学说不仅渗透到了中国人的生活、文化等领域，甚至超越国界，对世界文化产生深远的影响。

眼见不一定为实

有一年孔子受困在陈蔡一带的地区，几天没有吃饭。一天中午，他的弟子颜回讨来一些米煮稀饭。饭快要熟的时候，孔子看见颜回居然用手抓取锅中的饭吃。当颜回进来请孔子吃饭时，孔子说："刚才梦里祖先告诉我，食物要先献给尊长才能进食，岂可自己先吃呢？"颜回一听，连忙解释说："您误会了，刚才我是因看见有煤灰掉到锅中，所以把弄脏的饭粒拿起来吃了。"孔子叹息道："人可信的是眼睛，而眼睛也有不可靠的时候，所可依靠的是心，但心也有不足靠的时候。"

柏拉图

Plato 理想王国的缔造者

柏拉图是古希腊伟大的哲学家、思想家。尽管后世学者对他的政治思想褒贬不一,但正如英国哲学家波普尔所说:"柏拉图的影响是无法估量的,人们可以说,西方的思想,或者是柏拉图的,或者是反柏拉图的,但在任何时候都不是非柏拉图的。"

柏拉图是古希腊哲学家中第一个留有大量著作的人,是他把古希腊哲学推到了高峰,建立了一个庞大的以"理念论"为核心的客观唯心主义哲学体系。他和老师苏格拉底、学生亚里士多德并称为古希腊三大哲学家。

柏拉图原名阿里斯托勒斯,因为他自幼身体强壮,胸宽肩阔,所以体育老师就替他取了"柏拉图"一名。"柏拉图"希腊语意为宽阔。

约在公元前 427 年,柏拉图出生于雅典的一个贵族家庭,母亲是雅典民主制创始人梭伦的后代,父亲阿里斯顿是阿提刻最后一个王的后裔。优越的家族条件使柏拉图从小就受到了最好的教育,他很小的时候,父亲就为他请了三位启蒙老师,其中一位教文法、修辞法和写作,另一位教美术和音乐,还有一位则教他体育。

柏拉图不仅热爱写作,而且在美术老师的指导下,对美的东西的辨别能力也越来越强。后来,柏拉图在美学上的一些理论和见解,可以说和他童年的启蒙教育密不可分。

柏拉图 20 岁时,师从当时雅典最有学问的苏格拉底。苏格拉底顽强的探索精神、对智者派的轻视和厌恶,都给柏拉图留下了深深的印象并感染了他。从公元前 407 年开始,柏拉图在苏格拉底身边整整学习了 8 年,深得苏格拉底哲学的真谛,成为苏格拉底最优秀的学生。

在西方哲学史上,柏拉图是第一个使唯心论哲学形成体系的人。他的思想对后世产生了巨大的影响。

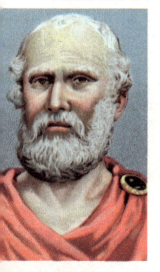

公元前 399 年夏天，苏格拉底被雅典法庭以"腐蚀青年思想"的罪名处死，对柏拉图的打击非常大，也使他对雅典政府非常不满。从此，柏拉图不愿再直接参与政治活动，决心一心一意地纪念苏格拉底，集中转入对哲学的研究，从而寻找到一个理想的社会制度，建立一个更理想的国家。

柏拉图学院

为了建立这个理想国，柏拉图随即离开雅典，进行了一次长期的海外漫游。这也是形成柏拉图思想体系的重要阶段。公元前 387 年，经过 12 年的游历后，柏拉图在雅典纪念英雄阿加德穆的圣殿附近的园林中创建了欧洲历史上第一所固定学校——学院，并一边教学，一边著书立作。这吸引了希腊各地很多的学者前往，其中以亚里士多德最为突出。

柏拉图主持学院的时间有四十多年，12 年的游历生活和教师兼作家的双重身份为他著述作品打下了坚实的基础。他一生共写了 36 部著作，是古希腊哲学家中第一个留有大量著作的人，作品中大都是关于道德和哲学的著作。其中，《理想国》是柏拉图最著名的代表作，包括哲学、教育、文艺、伦理以及政治等内容，涉及了他思想体系的各个方面，但最主要的还是讨论所谓的"正义国家"的问题。

除哲学外，柏拉图在文艺、美学等方面也有自己成套的理论主张。他认为美的事物是美的理念的仿制品，这是柏拉图唯心主义美学观的基调。柏拉图一生写了大量著作，主要有《理想国》《法律篇》《政治家篇》。《理想国》代表了他中期的政治思想，《法律篇》和《政治家篇》则是晚期的作品。

约公元前 347 年，柏拉图在一个弟子的婚礼上说要小睡一会，此后就长眠未醒。柏拉图一生都在为理想国而奋斗，他设计理想国时，认为一个国家应该有三种人：护国者、卫国者和供养者。他理想地认为他们没有矛盾，会各安其位，各行其事，国家完美和谐，这就是柏拉图理想国的美好前景。

椅子的故事

一次，朋友送了柏拉图一把精制的椅子，以表示对他的赞赏。几天后，一群人到柏拉图的家里做客，看到了那把椅子。问明来历后，其中一个人突然跳上椅子乱踩乱跳，并嚷着："这把椅子代表着柏拉图心中的骄傲与虚荣，我要把他的虚荣踩烂！"只见柏拉图平静地用抹布把脏兮兮的椅子擦拭干净，并请那位激动踩椅的朋友坐下，诙谐但颇具深意地说："谢谢您帮我踩掉心中的虚荣，现在我也帮您擦去心中的嫉妒，您可以心平气和地和大家喝茶聊天了吗？"

亚里士多德
Aristotle 百科全书式的学者

如果说柏拉图是一位综合型的学者,那么亚里士多德就是一位百科型的学者。他几乎在每一个学术领域都留下了自己的著作,对科学作出了巨大贡献。他是一位名副其实的"百科全书式的学者"。

亚里士多德对世界的贡献令人震惊。他至少撰写了 170 种著作,其中流传下来的有 67 种。当然,仅以数字衡量是远远不够的,更为重要的是亚里士多德令人折服的渊博学识。他的著作内容繁多,涉及天文学、地理学、地质学、物理学、胚胎学、解剖学以及生理学,在那个年代简直就是一部百科全书。

公元前 384 年,亚里士多德出生在希腊北部爱奥尼亚殖民地斯塔吉拉城。亚里士多德刚满 10 岁那年,他的父亲尼科马卡因为医术高明而被马其顿国王阿穆塔指定为宫廷御医,亚里士多德一家的地位也因此显赫起来。

父亲希望亚里士多德继承自己的事业,所以亚里士多德从小就学习医务知识,父亲还对他进行了严格的实践训练,这也使他从小就养成了尊重事实、尊重经验、精益求精的作风。在学习医务的过程中,亚里士多德遇到了许多有关生命奥秘的问题,这引发了他对生物学以及整个自然的强烈兴趣。

公元前 367 年,17 岁的亚里士多德来到雅典,就读于柏拉图开办的学院,钻研各种知识达 20 年。尽管亚里士多德生于富贵之家,但他一直是一个勤

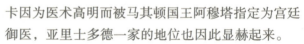

亚里士多德把科学分成实践科学、创制科学和理论科学三类。他创立了形式逻辑学,丰富和发展了哲学的各个分支学科。

奋执著的人。在柏拉图学院的学习中，枯燥乏味的纯学术理论使心烦的听众一个个溜之大吉，但只有亚里士多德留了下来，理智地汲取着柏拉图思想的光华。

因为亚里士多德勤奋、刻苦而又聪慧，所以深得柏拉图的赏识，逐渐成为同学之中的佼佼者。在柏拉图的影响下，亚里士多德又对哲学推理产生了兴趣。虽然他对柏拉图极其尊敬，但却在学术上保持着自己的独立，创立了与柏拉图根本不同的哲学体系，并因此留下了"吾爱吾师，吾更爱真理"的千古名言。

✿ 亚里士多德正在为年轻的亚历山大授课

柏拉图去世后，亚里士多德于公元前 343 年回到马其顿，受聘担任王子亚历山大的老师，为期 3 年。这位当时年仅 13 岁的王子，便是后来著名的亚历山大大帝。在这 3 年间，亚里士多德一直坚持读大量的书，观察动物和人的活动行为，笔耕不辍。

公元前 335 年，亚历山大登上王位之后，亚里士多德回到雅典，在吕克昂开设了自己的学校，并招集了一大批学生。他在雅典住了 12 年，那时正是亚历山大进行军事扩张的时期，亚历山大曾给老师提供了大量的资金援助，以便他进行学术研究，这也许是有史以来第一次科学家接受国家资助从事学术研究，但也是几个世纪中的最后一次。在这里，亚里士多德把一些研究领域交给学生去做，然后把自己和学生的发现汇集起来，使学术产量以前所未有的速度增长。

公元前 323 年，亚历山大去世，反马其顿者占据了雅典，由于亚里士多德是亚历山大的老师，所以被人以"不信神"的罪名起诉。回想起 76 年前苏格拉底的命运，亚里士多德逃离了雅典。公元前 322 年，亚里士多德在流亡中去世，享年 62 岁。1 600 年后，亚里士多德的作品被重新发掘，成为复兴运动的火种。

✿ 亚里士多德学会

亚里士多德学会是英国以"亚里士多德"命名的研究和推动哲学发展的学术团体，创立于 1880 年，会址设在伦敦。该会的宗旨是致力于哲学方法、方法论及有关理论问题的探讨，并出版年刊《亚里士多德学会会志》《亚里士多德学会增刊》。

孟 子
Mencius 儒学亚圣

　　孟子是我国战国时期伟大的思想家，他是继孔子之后儒家学派最重要的代表人物。孟子的思想对后世产生了极大的影响，其儒学著作《孟子》被奉为儒家经典，孟子本人也被尊为"亚圣"，地位仅次于孔子。

　　战国时代，在孔子故乡鲁国的近邻，有一个小国叫邹国（今山东省邹县一带）。相传孟子就出生在这里，即现在邹县城北马鞍山旁边的凫村。

　　孟子，名轲，大约出生于公元前372年。据说，孟子的母亲知书达理，对儿子教导有方。据《烈女传·母仪》中讲，由于孟子的家附近有坟地，孟子小时候便常模仿人们玩一些掩埋死人的游戏，母亲害怕儿子因此受到不良影响，会败坏品德，便把家搬到了庙户营村。但由于这儿商贩络绎不绝、热闹非凡，孟子又常学着叫卖货物，他母亲觉得这里也不是理想的住

🌸 孟子读书图

处，于是便再一次把家搬走，迁到了邹国城南门外一所私塾附近。当时孔子的学生孔汲（即子思）正好在这所私塾里讲学，孟子受孔子弟子的影响，跟着这些大人学会了一些诗书礼仪，还学会了文雅恭敬的举止。这就是"孟母三迁"的故事。

　　然而，没过多长时间，孟子贪玩的习性又发作了。一次，孟子只读了一半书，就忍不住跑到外面去玩，他母亲看到了非常生气，放下手中正在织着的布，拿起剪刀当着儿子的面剪断了正在织着的布。孟子从没有见母亲生过这么大的气，忙问母亲原因。母亲看着孟子，语重心长地说："布是一条线一条线织起来的，学问也是点点滴滴积累起来的。像你这样读书，跟这割断的布有什么区别？照这样下去，是不会成为有用之材的。"

　　母亲的话使孟子深受触动，他决定从此发奋努力，不再辜负母亲对自己的期望。经过几年苦读后，孟子很快精通了《诗》《书》《春秋》等儒家经典著作，他的学问也因此大为长进。到了二十多岁，孟子已经开始授徒讲学了。后来，孟子

成为孔子儒学最重要的继承人，被后世尊称为"亚圣"。

孟子的主要思想尽述于《孟子》中。《孟子》一书的基调是理想主义和乐观主义。孟子认为人性生来都是善的，每个人都有天生的"良知"和"良能"，但他也重视环境和教育对人的影响。孟子还强调进行道德修养，即"修身"，目的是为了保持"善"的本性。主张"舍生而取义"，这个"义"就是"修身"。要"修身"，则要"寡欲"，培养"浩然之气"。从这些主张可以看出孟子学说和思想的进取精神，他强调人要有伟大的志向和高贵的气节，还强调了人的主观精神的重要性。

和儒学前辈们一样，孟子除了讲学，大部分时间也是和弟子们周游列国，积极宣传他的政治理想。为了向各国君主建议施行仁政，孟子先后游历了齐、滕、魏、宋、鲁等许多国家，为许多统治者提供了治国良策，还在一段时间内为齐宣王做过客卿。但由于当时正值齐、楚、燕、赵、韩、魏、秦七国争霸，诸侯国之间连年发动战争，热衷于争夺土地和人口，所以孟子反对各诸侯国之间兼并战争的"仁政"思想并没有得到各诸侯王的重视，反而被认为是迂腐的思想。

由于理想无法实现，在公元前312年左右，六十多岁的孟子结束了周游列国的奔波生活，返回邹国。晚年，他和弟子们一起，用余年的精力整理自己的思想，终于完成了代表他思想的《孟子》一书。公元前289年左右，孟子去世，然而他的学说却在占世界人口1/5的中国广为流传。

《孟子》是一部记载孟子及其学生言行的书。孟子去世后，经韩愈、王安石、朱熹等人的推广和宣传，这部著作广为流传，对后世产生重大影响。

孟母断机教子图，描绘孟母断机的情景。孟母侧身立于织机旁，手中执刀，回首教训儿子，孟轲躬身揖立于母亲面前，神色惊惶，虽未脱玩童天真稚气，却对母亲相当恭顺。

孟子休妻

一天，孟子见妻子两腿叉开蹲在地上，顿时火冒三丈，跑到母亲面前说："妻子不讲礼仪，我要休了她！"孟母问："怎么了？""我推门进去时，她叉开腿蹲在屋里！"孟子愤怒地说。孟母听后说："是你不讲礼仪啊，《礼经》上说过，进门之前要先问谁在屋里；将要进入厅堂时必须大声，以让里面的人知道；将进屋的时候必须眼往下看。这样做是为了让屋里的人有所防备。而你一声不响地进入妻子的屋里，就是你不讲礼仪。"孟子听后再也不敢讲休妻的事了。

欧几里得

Euclid 欧氏几何的创始人

欧几里得是人类科学思想史上的一盏指路明灯，他第一次使数学理论系统化，并使几何学逐渐成为一门独立发展的正式学科体系。数学史上的光辉著作《几何原本》是欧几里得的传世之作。

欧几里得是希腊杰出的数学家，希腊亚历山大派的创始人。关于他的生卒年月和出生地现在已经无法考证了。据雅典柏拉图学院晚期的导师普罗克洛斯在他的《几何学发展概要》一书中介绍，欧几里得是托勒密一世（约公元前367~前282年）时代的人，早年求学于雅典的柏拉图学院，深受柏拉图的影响。

约公元前300年，欧几里得应托勒密王的邀请，来到埃及都城亚历山大的缪塞昂学院进行研究并讲学。在缪塞昂学院，他曾用最简单的方法，将人们认为似乎不可能做到的事变成了现实。

柏拉图学院是雅典著名的哲学家柏拉图开设的，他学识渊博，尤其在哲学方面有很高的建树。柏拉图认为要学好哲学，必须先学习数学，因为数学是通向理念世界的准备工具。因此，柏拉图学院门口还挂着一块木牌，上面写着："不懂数学者，不得入内！"正因如此，数学研究在他的学院里得到了空前的发展，同时也培养出了亚里士多德等许多著名的学者。

欧几里得在柏拉图学院学习时，曾拜亚里士多德为师。亚里士多德是希腊历史上最伟大的思想家、哲学家和科学家，他将自己的才华都无私地奉献给了这位聪明的学生，欧几里得

左图为欧几里得向学生演示几何证明。欧几里得不仅是一位学识渊博的数学家，同时还是一位有"温和仁慈的蔼然长者"之称的教育家。

图为欧几里得在亚历山大港的学校向埃及国王托勒密一世献上《几何原本》

也因此受到了良好的教育。

在欧几里得当时生活的时代，古希腊的科学文化已经比较发达，由于当时人们的生活和生产条件的发展所需要，再加上柏拉图学院的良好学习气氛，几何学已经逐渐发展起来了。但是这些内容大多支离破碎，彼此不相联系，所以在实践中发挥不了太大的作用。后来，欧几里得逐渐认识到了这一点，便萌发了将这些既有的几何知识组织在一个完整的演义体系中的想法。

他首先确定了最基本的几条不证自明的命题作为演绎系统的出发点，然后再从这些最基本的命题出发，用逻辑推理的方法论证以后的命题。这就是亚里士多德的逻辑推理思维。

确定公设和公理是欧几里得的独创，也是他对几何学的一个伟大贡献，其中最著名的是平行公设。把公设和公理选定之后，接下来的工作是将剩下的几何命题作为定理从公理和公设中推断出来。欧几里得非常成功地做到了这一点。他将几何独立的知识形成了一个有机整体，用定义和公理成功地来研究图形的性质。

几年之后，欧几里得的鸿篇巨著《几何原本》终于问世了，它就像一颗重磅炸弹在西欧爆炸开来。这本划时代的著作分 13 卷，共有 467 条定理。它把当时的自然科学推到了当代的顶峰，为后人提供了一个严密的逻辑理论体系。因此，该书的问世对所有伟大的思想家都有一股强大的魔力。同时，这部传世之作又孕育出一个全新的研究领域——欧几里得几何学，简称"欧氏几何学"。

1607 年，我国明代杰出的科学家徐光启和意大利传教士利马窦合译了《几何原本》一书，才将"几何"传入了中国。

由于欧几里得对几何学的杰出贡献，以至于他的名字都成了"几何"的代名词，他当之无愧地被人们称为"几何学之父"。

欧几里得授课

一天，亚历山大托勒密王也想学几何学，于是派人把欧几里得请到宫殿里给自己讲课。可是欧几里得只讲了一点最基本的知识，托勒密王就感到枯燥乏味。他认为这些都是普通老百姓应该学的，而他是国王，必会另有捷径让他一下子攀登到几何的高峰。于是，就问欧几里得有没有更便捷的学习方法，而欧几里得则干脆地回答说："几何无王者之道。"意思就是，在几何学里，没有专为国王铺设的捷径。这句话后来被演绎为"求知无坦途"，被千古传诵。

阿育王
Ashoka the Great 弘扬佛教的印度国王

阿育王是古代印度史上伟大的政治家、军事家，同时也是一位宗教家。他第一次把广阔但四分五裂的南亚次大陆基本统一起来。阿育王深受人们的爱戴，在历史著作中，他被人们称为"伟大的阿育王"。

阿育王是古印度孔雀王朝的第三代君主，他结束了列国割据的政治局面，基本统一了印度全境，建立起一个强大的奴隶制中央集权的统一帝国，将孔雀王朝的统治推向了鼎盛时期。阿育王不仅笃信佛教，还将佛教定为国教。正是由于他的宗教政治化的努力，佛教才由一个地方教派渐变为一种世界性的宗教。

※ 阿育王

阿育王的出生年代不详，他的父亲宾头沙罗是古印度孔雀王朝的第二代国王。阿育王的母亲据说是胆波城的一个婆罗门（印度种姓之首，其成员可研读经卷）之女，相貌端正，称得上是国中第一美女。当阿育王出生时，宾头沙罗嘴里正念着"我今无忧"，于是他将此名赐给阿育王，因此阿育王又被称为"无忧王"。

※ 阿育王时期的建筑

公元前273年，孔雀王朝的国王宾头沙罗病逝。在病重期间，他欲将王位传给其长子修私摩，而修私摩正在外征讨叛乱的咀叉始罗城。于是，宾头沙罗王差遣阿育王前往镇压叛乱，令修私摩火速返朝。阿育王按兵不动，待宾头沙罗王死后，立即称王，并拜成护为第一大臣。

修私摩听到此消息后，迅速带兵返回华氏城争夺王位。两军在城下对阵，阿育王使用计谋致使修私摩堕入火坑自焚而死。从此，阿育王开始治理国事。4 年后，阿育王正式举行登基典礼。

阿育王即位后，就追随其祖父旃陀罗笈多的事业，开始向外扩张。其中最大的一次扩张是征服羯陵伽国。羯陵伽国是孟加拉湾沿岸的一个强国，经济和军事实力都很强大，引起了阿育王的关注。他登基后第 8 年，大举进犯羯陵伽国，遭到了羯陵伽国的顽强抵抗。最后，阿育王终于征服了羯陵伽国，但结果却非常残酷，伤亡惨重。

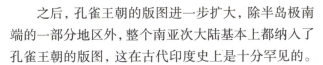
阿育王时期的砂岩柱，柱上刻有他的敕令和法规。

之后，孔雀王朝的版图进一步扩大，除半岛极南端的一部分地区外，整个南亚次大陆基本上都纳入了孔雀王朝的版图，这在古代印度史上是十分罕见的。

然而，羯陵伽战役却给阿育王带来了重大改变。战役中屠戮的悲惨景象使他的良心备受谴责，同时，佛教高僧优波毱的说教也感化了他，后来他决定皈依佛教。从此，阿育王的生命历程发生了戏剧性的转折，他由一个善战的暴君变成了一个虔诚的佛教徒。他偃旗息鼓，以法轮代替了利剑，以诵经代替了战鼓，以精神统治代替了武力征服，将个人和国家都送上了一个全新的生活道路。

阿育王皈依佛教后，将佛教定为印度的国教，并极力宣扬佛法。他在全国各地组织宗教团体，亲自任命宗教事务大臣，并定期召开佛教交流大会，整理编辑佛教经典，解决各派争端。阿育王还派出大批佛教高僧到国外传教。这样，佛教冲出了印度，成为世界性的宗教。

虽然笃信佛教，但阿育王并没有忽视对国家的统治。他用许多具有印度风格的建筑物和精美艺术品装饰他的国家，因此，阿育王的宫殿雄伟壮观。

大约在公元前 232 年，阿育王永远离开了爱戴他的子民们。孔雀王朝维持的时间并不长，在阿育王死后只延续了半个世纪便告终了，印度又重新陷入了分裂割据的局面。

为佛供沙的孩子

传说有一天，佛托着钵出来化缘，在途中他遇到两个孩子在玩耍。其中一个孩子手中正抓着沙子，他见来人手里拿着一个钵，于是说："我用这个来供奉你。"随后，另一个孩子也表示了善意。佛感念孩子们的率真，说道："善哉，善哉。百年之后，你们二人凭此功德，一个可以为王，一个可以为相。"佛过世百年之后，当年那个为佛供奉沙子的孩子果真转世为王，他就是有名的阿育王。

阿基米德

Archimedes 数学之神

阿基米德是科学界中一颗璀璨的巨星，他在诸多领域作出过杰出贡献，曾荣获"数学之神""力学之父""流体力学创始人"等美誉。阿基米德这个辉煌的名字，已经深深刻在了世人的心中。

🌿 阿基米德深邃的眼神中充满智慧的光芒

阿基米德是古希腊与欧几里得、阿波罗尼奥斯并称的三大数学家之一。他进一步发展了穷竭法，并运用穷竭法求出了π的值，进行了球面积和体积的计算。他还独创了一套记大数的方法。阿基米德同时又是卓越的物理学家，提出了杠杆原理和浮力定律。此外，他还是一位了不起的发明家，主要发明有：螺纹式绞水机、抛石机和滑轮组起重机等。

公元前287年，阿基米德出生在希腊殖民城市西西里岛的叙拉古，他的父亲菲迪阿斯是位天文学家。父亲严谨的治学态度深深地熏染了年幼的阿基米德，据说他从小就善于思考，热爱学习。公元前276年，11岁的阿基米德孤身一人离开家乡，前往埃及托勒密王朝的首都亚历山大港。亚历山大港位于尼罗河的出海口，是古代世界的学术中心。在这里，具有深远眼光的统治者们为学者们提供了优厚的待遇和研究条件，使科学家们能在这里专心从事研究和创造。

初到亚历山大港的阿基米德投身于柯农门下，开始系统地学习数学、天文学、物理和哲学。柯农是欧几里得的弟子，在他的精心教授下，阿基米德很快便在数学、力学等方面表现出了非凡的才能。几年之后，当阿基米德重归故里时，他已经成为希腊科学领域群星中的

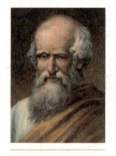

🌿 阿基米德发明的螺纹式绞水机

一员了。

阿基米德的才华首先在数学领域得到了充分的展示。他在这方面的贡献主要是关于球面积和体积的工作，即发展与加深了前辈欧多克斯发明的穷竭法。

有趣的是，阿基米德的每一项重要科学成就都有一个生动的传说，最为人们熟知的是有关浮力定律的发现经过。叙拉古国王怀疑金匠为他打造的王冠不是纯金的，请阿基米德在不破坏王冠的前提下完成这一鉴定工作，这让阿基米德伤透了脑筋。一天，他在仆人的侍候下进入澡盆洗澡，澡盆里的水随着他身体的下浸溢了出来，看着这些溢出来的水，阿基米德顿时灵感大发。他一下子想到，溢出的水的体积正好应该等于他自身的体积。如果把王冠浸在水中，根据水面上升的情况，就可以知道王冠的体积，然后再拿与王冠同等重量的金子放在水里浸一下，就可以知道它的体积是否与王冠相同了。想到这里，阿基米德激动万分，一下子从浴盆里跳起来，光着身子跑了出去，他边跑边喊："尤里卡（希腊语：发现了）！尤里卡！"现在，世界最著名的发明博览会以"尤里卡"命名，正是为了纪念阿基米德。

众所周知，浮力定律是阿基米德在洗澡时发现的。这一发现虽然看似偶然，但事实上是他知识积累的体现。

阿基米德一生走过了 75 个春秋，他的去世更具有传奇色彩。敌人在对叙拉古围困了整整两年之后，终于占领了这座城市。敌方首领十分钦佩阿基米德的才华，所以下令任何人也不准伤害这位伟大的科学家。可是这项命令依然没能挽救阿基米德的命运，这位老科学家在敌兵面前，依然全神贯注地研究一道深奥的数学题。最终，他的这一行为激怒了一位鲁莽的罗马士兵，他拔出剑刺死了这位古希腊最优秀的科学精英。

阿基米德死后，被葬在他长久生活的西西里岛上。为了纪念他，人们在他的墓碑上刻上了圆球和外切圆柱体的标记，以示他对科学的贡献。

神奇的武器

在保卫家乡叙拉古的战争中，年迈的阿基米德用自己的聪明才智发明了一些抗敌武器，并在战争中大显身手。有一次，他召集全城的妇女老幼，让他们每人手持镜子，排成一个扇面形，将阳光聚集到罗马军舰上，结果将敌人的舰船全部烧毁。敌军将领马塞拉斯不得不承认这是一场罗马舰队与阿基米德一个人的战争。

秦始皇
Qin Shi Huang 中国历史上第一位皇帝

秦始皇是中国历史上的第一位皇帝，他结束了春秋战国500年间诸侯争霸、列国纷争的混乱局面，以武力统一了中国。然而，这位"千古一帝"自古以来，一直是个备受争议的人物，他的功与过都值得人们深思。

秦始皇是一个具有传奇色彩的人物，也是一位我们比较熟悉的古代帝王。秦始皇，名嬴政，是秦庄襄王的儿子。庄襄王子楚在赵国做人质时，娶了巨商吕不韦的姬妾，这位姬妾于公元前259年1月在赵国首都邯郸生下一子，因在赵国，又在正月出生，所以为孩子取名赵正，后改为赵政。回国后，孩子才改为国姓"嬴"。

公元前250年10月，秦孝文王去世，子楚继承了王位，是为庄襄王，任用吕不韦为相国，封为文信侯。公元前247年，庄襄王去世，13岁的太子嬴政继位，因年少，便由相国吕不韦

🌸 "千古一帝"秦始皇

和太后的宠臣□□代理朝政。公元前238年，21岁的秦王嬴政加冠亲政。这时□□乘机发动叛乱，被他派兵镇压。次年，秦王免去吕不韦相国的职位，集军政大权于一身，随即任用李斯、尉缭、王翦等人，为进行统一战争做准备。

从公元前230年到公元前221年，秦军先后灭掉了割据称雄的其他六个诸侯国，统一了全国，建立了秦王朝，嬴政自称"始皇帝"，并开始实施一系列重大的变革。秦始皇独揽全国政治、经济、军事大权。废除分封制，推行郡县制；把全国分为36郡，郡下设县；每郡设有郡守、丞尉、监御史；任命李斯为丞相，中央和地方的官员都由皇帝直接任免，概不世袭。经

济方面，秦始皇还统一了法律制度、度量衡标准、货币、文字及车辆、道路的大小宽度。另外，还下令修筑驰道、直道，以改进和加强全国的陆路交通。派兵北击匈奴、夺取河套地区，并凭借地形修筑长城。这些措施，对于巩固和加强国家的统一，对促进各民族地区的经济文化，都起到了积极的作用。

🔥 秦始皇的陵墓是中国第一个规模较大、较完善的帝王陵墓。气势磅礴的兵马俑是该陵墓重要的组成部分。

为了加强统治，秦始皇于公元前 213 年根据李斯的建议，下令烧掉了除秦国史记以外的史书和除医药、占卜、种植以外的书籍。公元前 212 年，因侯生、卢生在一起议论、讥讽秦始皇，导致 460 余人被秦始皇亲自判处死罪，全部活埋于咸阳。这就是有名的"焚书坑儒"事件。

从公元前 220 年到公元前 210 年，秦始皇曾 5 次出巡。在第二次巡游时，他曾派徐福带领数千童男童女乘船到海上，寻求长生不老药，结果无功而返。世事无常，在第五次巡游时，秦始皇病死于沙丘平台（今河北平乡东北），时年 49 岁。

作为"千古一帝"的秦始皇，他所开创的统一的封建专制王朝，结束了从春秋到战国 500 多年诸侯割据、天下纷争的混乱局面，奠定了中国现有疆域的基本部分和其后 2 000 年封建政治制度的基础，为中国的统一作出了很大的贡献，可谓功不可没。但是，秦始皇在位期间，连年征战，大兴土木，征调 70 多万人修建阿房宫、骊山陵墓，使人民的生活痛苦不堪。秦始皇试图凭借愚民政策、严刑酷法来统治人民，结果却导致了迅速败亡。这个历史教训也值得我们深思。

🔥 高渐离击筑

战国末期有个燕国人叫高渐离，他擅长击筑，曾为前去刺秦始皇的荆轲击筑送行，荆轲唱出"风萧萧兮易水寒，壮士一去兮不复还"的千古绝唱。荆轲失败后，高渐离隐姓埋名。后来，因他技艺高超广为人知，被秦始皇传进宫表演。秦始皇知道他是荆轲的好友，于是让人先弄瞎他的双眼以防行刺。谁知高渐离却把铅灌于筑中，趁秦始皇不留意时，奋起用灌铅的筑击打秦始皇。然而，高渐离不但没有成功，反为此丢掉了性命。从此，秦始皇再也没有接近过六国遗民。

恺 撒

Caesar 罗马帝国的奠基人

恺撒是罗马帝国的首要奠基人、伟大的改革家、杰出的军事统帅。他的成功和影响力使得"恺撒"这个名字成为权力与威望的象征，被历来众多的帝王定为自己的头衔。他的影响力跨越了时空，在人类历史上永远熠熠生辉。

盖尤斯·尤利乌斯·恺撒是古罗马杰出的政治家和军事家，他对罗马的奴隶制共和政体进行改革，成为实质上的军事独裁者，为其侄孙奥古斯都·恺撒后来建立罗马帝国铺平了道路。他征服了高卢地区，在那里推行罗马文化，同时又确保了罗马北部长久的安定。恺撒还是优秀的演说家和作家，其雄辩的口才影响了无数人，他描述自己征战经历的《高卢战记》一直被视为第一流的文学作品。

公元前 100 年 7 月 13 日，恺撒出生在罗马一个古老而地位显赫的贵族之家，从小就受到良好的教育。恺撒的父亲曾担任过罗马大法官，在恺撒 15 岁时去世。青年时期，恺撒离开罗马旅居罗德岛，师从著名的雄辩术教师阿波洛尼奥，学习修辞学和演说术，为日后从政奠定了良好的基础。

恺撒从青年时代开始就积极参与政治活动，结实了形形色色的政界人物，渐渐在政治上崛起。他起初先后担任过财政官、阿普亚大路监护人、市政官、祭司长等职务。公元前 62 年，他当选为大法官，因为他热心公务，又慷慨好施，所以在人民中获得较高的威望。第二年他出任西班牙总督。公元前 60 年，恺撒返回罗马，以雄辩的口才、改

观看格斗比赛是恺撒的乐趣所在。图为竞技场里的格斗士们在向凯撒致敬。

革派的形象、慷慨的气度参加下一年度的执政官选举。这年夏天，罗马三位最具影响的政治家恺撒、庞培和克拉苏之间达成相互支持，共同对抗元老院和罗马贵族的秘密协议，史称"前三头同盟"。在两位同盟的支持下，公元前59年，恺撒当选为罗马执政官，这是当时权力与荣誉的顶峰。

公元前58年，恺撒在卸任执政官后，出任高卢总督。当时，高卢正处在动乱之中，恺撒用分化瓦解和武力征服相结合的方法，于公元前58年占领了高卢中部，到公元前56年年底已经基本吞并了整个高卢地区，将罗马的版图扩展到莱茵河以西地区。

🌼恺撒攻占罗马后，庞培的大臣跪在地上向他行礼，请求饶恕。

恺撒的成功，引起了克拉苏和庞培的极度不安，庞培便想方设法地打击恺撒。公元前49年1月1日的元老会议上，敌视恺撒的势力在庞培的支持下占了上风，决定要恺撒立即卸任，并且指定了接替他的人。恺撒的亲信化装成奴隶逃到恺撒所在的山南高卢，向恺撒报告了情况。元老院宣布处于紧急状态，并且授权庞培在意大利招募军队。

同年1月10日，恺撒率大军攻占罗马，庞培出逃。公元前48年，恺撒彻底击败庞培，巩固了自己在罗马的统治。随后，恺撒又转战埃及、小亚细亚、非洲等地，扫平了庞培的势力，结束了罗马内战。

公元前45年10月，恺撒凯旋罗马，受到空前隆重的欢迎。他被推举为终身独裁官，集军、政、司法和宗教权力于一身，成为实质上的独裁者。但是，恺撒的独裁引起了部分固守共和传统的元老贵族的严重不满。公元前44年3月15日，以布鲁图斯和卡西乌斯为首的密谋者在元老院刺杀了56岁的恺撒。

恺撒在世时被尊为"祖国之父"，死后，他的名字成为威严与权力的象征。恺撒使得罗马有了一个更加伟大的前程，并推动了罗马的进步。他的战绩与功勋，使他在西方历史上拥有无上的光荣，能与他比肩的人寥寥无几。

🌺 最后的疑问

公元前44年3月15日，恺撒只身一人到元老院开会。虽然被告知这天有人要暗杀他，但他没带卫队，他认为那是胆小鬼干的事。他从容地坐在黄金宝座上，笑着说："今天不就是3月15日吗？"一个刺客假装恳求他办件事，抓住他的紫袍，这是行动的暗号。所有阴谋者一拥而上，刀剑像雨点般落在他的身上。恺撒看到了布鲁图斯——他的义子，向他扑来，给了他致命的一刀。恺撒用最后的一点力气说了最后一句话："你也在内吗？我的孩子。"随后，在旧敌庞培的雕像底座前倒地身亡。

耶稣

Jesus 基督教的创始人

耶稣是《圣经》中提到的犹太族历史上一位伟大的先知，人们认为他在公元1世纪创立了基督教。他的人格魅力和他的教导一样具有感召力。在漫长的历史中他被神化，成为人类的一种信仰。

基督教在人们的精神世界中创造出一个无所不能、宽容仁慈的上帝形象和一个充满着永恒的爱与幸福的理想天国，引导人们为了上帝之爱和上帝之国而在现世无私地忍耐、奉献、行善和劳作。基督教由于其超出时代的光辉思想而最终成为世界上影响最大的宗教之一。一些人也许并不承认耶稣是一个真实的人物，但这一形象的存在向人们显示了信仰的力量。

耶稣，基督教创始人，西方伟大的圣哲。据《圣经·新约》中说，耶路撒冷以南10千米处的一座山城伯利恒中，住着一对新婚不久的夫妇，丈夫叫约瑟，妻子叫玛丽亚。一天夜里，约瑟做了一个梦，梦中上帝告诉他：玛丽亚是位圣女，她将要代上帝生子，希望他好好照顾妻子并承担起养父的责任。在一个彗星扫过天空的夜晚，一位男婴带着响亮的啼哭声来到了人间，这就是后来基督教的创始人——耶稣。

伯利恒出现的"上帝之子"吸引了很多人，人们越传越神，说这个孩子将来要成为"犹太之王"。这个消息传到犹太国王赫罗德的耳

🌸 耶稣一家人逃亡埃及

朵里，专横粗暴的赫罗德立刻下令杀掉所有在伯利恒出生的婴儿。约瑟一家听到这个消息后，连夜动身逃往埃及，躲避国王的追杀。

耶稣很小的时候，就对神殿有一种特殊的感情，小小年纪就意识到自己是上帝之子，在人间负有重大的使命。当时，有一位叫约翰的义士在人群中传教，他向人们宣讲，所有的人必须接受水的洗礼，洗掉身上的罪恶，才能得到上帝的赦免；他奉劝人们要信奉耶和华，不仅从内心向他忏悔，而且要在行动上有所改变。约翰的宗教信仰吸引着耶稣，成年后，他接受了约翰的洗礼，并追随着约翰投身于宗教事业。

约翰在群众中有很大的影响，后来，他因为指责当时的统治者希律王而被捕入狱。约翰被捕后，耶稣开始独自在巴勒斯坦地区传道，不久便吸引了很多追随者，聚集了一大批信徒。耶稣充满同情和博爱的布道打动了穷苦人的心，他很快受到下层人民的爱戴。在他的大批追随者中，得意门徒有12人，门徒们把耶稣称为"人类的救世主"。

神将人类的罪都归在了耶稣身上，所以将耶稣绑在十字架上，替众人接受神对罪人公义的审判。

由于宗教见解的不同，耶稣与当时在犹太教中占统治地位的法利赛人和撒都该人发生了冲突。耶稣声称自己有赦罪的权力，而法利赛人认为他这是妄想。耶稣不同意法利赛人关于安息日的繁琐教条，他在安息日为人治病激怒了一些当权者。耶稣同情被法利赛人称为罪人的下层民众，和他们一同吃喝，法利赛人也因此更加敌视耶稣。因为耶稣的传教活动触犯了犹太教高级神甫的利益，他们便勾结当地的罗马总督，以企图另建王国为名对耶稣定罪，对耶稣及其门徒和信教的群众进行残酷的迫害。由于耶稣12门徒中一个叫犹大的出卖了耶稣，耶稣被捕，按照当地处死贱民的刑法，被钉死在十字架上，当时他年仅31岁。

传说耶稣被钉死在十字架上的第三天清早，人们发现他已复活。耶稣的门徒开始并不相信，当天晚上，众门徒又发现耶稣显现。从此，门徒们更加相信耶稣，尊他为神，将他所创立的教义传播到更广大的人群中去。现今，基督教已经成为世界的三大宗教之一，也是传播最广的宗教之一。

湖边说教

耶稣与弟子们几乎每天都在露天里，他或坐在船上，向湖边拥挤的人群说教，或坐在湖畔的山上。这些忠实的人们过着一种愉悦而漫游的生活，采撷着耶稣的灵感所怒放的第一期花朵。有时，听众表现出一种天真的疑惑，或提出一个温柔的质难，但耶稣的一个微笑或一瞥目光就足以打退任何一种反对意见。他们每走一步，便在飞过的云里、发芽的种子里或成熟的金色果实中看出将要到来的天国的信号。

圣保罗

Saint Paul 基督教传教者

圣保罗是基督教最伟大的传播者，基督教能转变为一个世界性的宗教，保罗作出了巨大的贡献。保罗也是第一个将基督教教义形诸文字的人，他所撰写的基督教教义成为《新约》的重要组成部分。从某种意义上说，基督教是耶稣和圣保罗共同创造的。

保罗是仅次于耶稣但高于其他任何基督教神学家的人物。保罗能使基督教传播开来，一个很重要的原因是他用文字将基督教教义的基本框架确立了下来，编纂成了《新约》。在《新约》的 27 部书中，至少有 17 部书被认为是他所编。因此，保罗被认为是《新约》最重要的编纂者。

保罗，又名扫罗，公元 4 年出生于西里西亚（今土耳其境内）的一个城市。扫罗的父亲原是一位犹太富商，后来加入了罗马国籍，成为可以享受特权的罗马公民，扫罗的名字因此改为保罗。保罗从小就在优越的家庭环境中受到良好的犹太教育。青年时代，保罗在耶路撒冷神学院深造，就学于当时一位很有名望的犹太教师迦玛列门下，主要研究本民族的宗教，成为精通律法的法利赛派的年轻学者。在耶路撒冷完成学业后，保罗回到了故乡，继续研究犹太教法律。

早期的基督教被视为异教，遭到犹太教上层人士的敌视，基督教徒因此而深受迫害。作为绝对服从《摩西诫律》的法利赛派的一分子，保罗也参加

保罗是新生基督教的先驱者之一。在所有早期基督教思想家中，他对基督教未来的影响可谓举足轻重，千古犹存。

了这种迫害活动。据《圣经·新约》中的宗教传奇中讲，在耶稣受难之后的某一天里，保罗被耶路撒冷宗教当局派往大马士革引渡一批基督徒来耶路撒冷受审。在去往大马士革的路上，保罗突然产生一种奇怪的幻觉，随后便有一个人的幻影向他喊到："扫罗呀，扫罗！你为什么要迫害我和我的门徒？"保罗向幻影问道："我的先生，你是谁？"幻影回答说："我就是你们害死的拿撒勒的耶稣。不过，你们别想从马蹄子上把铁钉拔掉，这是绝不可能的！"听了这话，保罗晕倒在地，被人救到了大马士革，三天后才清醒。从此，保罗改变了他的宗教信仰，正式皈依基督教。

之后，保罗开始在周围地区传教，想为新宗教赢得更多的皈依者。然而，巴勒斯坦是犹太教的天下，保罗在此遭到了强烈的反对。他开始意识到要使基督教有大的发展，就必须去欧洲。

保罗经过土耳其海峡，来到希腊。他在第一次向欧洲人宣讲基督教教义时，获得了巨大成功，人们把他当做"复活的耶稣"。这一令人激动的开端，为他以后将基督教向西欧推进打下了基础。公元61年，保罗来到罗马帝国，传教活动进行得相当顺利，保罗成为最成功、最执著的传教者。尽管在从西亚到欧洲各国25年间的奔波劳累严重摧残了他的身体，但保罗还是以坚强的意志把基督教教义宣传到罗马城的每一处。在保罗的艰苦努力下，欧洲的第一个基督教会在罗马建成。

保罗在罗马帝国东部进行了三次大的传教活动之后，年事已高，便决定回到耶路撒冷朝拜耶稣。在耶路撒冷，保罗被捕，并被送往罗马接受审判。公元64年，罗马爆发了一场极其血腥的反基督教运动，罗马皇帝尼禄鼓动暴徒们杀害和掠夺所有皈依基督教的人。保罗就在这场严酷的镇压中遇难，被葬在罗马城郊的一个无名墓地中。

一个来听保罗宣讲基督教教义的人生下来就是瘸子，保罗注视着他，大声说："你起来，两腿站直。"他相信神会赐予这个人力量。

"非犹太人的使徒"

圣保罗在传教活动期间，漫游了小亚细亚、希腊、叙利亚和巴勒斯坦。事实上，保罗对犹太人的说教远不如早期一些基督教徒那么成功，他的举止常常引起极大的仇视，他的生命也曾几次遭到威胁。但是，保罗对非犹太人的说教却非常成功，所以人们常说他是"非犹太人的使徒"。

蔡伦

Cai Lun 造纸术的发明者

蔡伦,是一个被世人熟知的名字。造纸术的发明是中国人民对世界所作的一项杰出贡献,而蔡伦在这一发明过程中发挥了不可替代的作用。"蔡侯纸"的发明与广泛使用,不仅使中国文化与科学技术发生了划时代的变革,而且推动了整个人类文明的进程。

随着造纸术传播到世界各地,蔡伦的名字也随之远扬。在日本有蔡伦宫,法国有蔡伦博物馆,在美国的造纸博物馆内也陈列着蔡伦的画像……如今,各种历史著述,凡涉及中国发明的造纸术,无一不写到蔡伦,他以伟大的发明而与造纸事业共存。

蔡伦是中国造纸术的改进者,约公元 63 年生于东汉桂阳郡(今湖南耒阳市)。他的少年时代极其不幸,13 岁时就被迫入宫当了宦官,在生理和心理上都遭到了非人的摧残。最初,蔡伦在宫中侍奉太子刘□的宠妾窦勋。不久,刘□即位当了皇帝,窦勋也逐渐由贵人升为皇后。蔡伦跟着被授职小黄门,做了宦官中的头目。窦皇后生性毒辣,为人专横跋扈,因自己没有生育,她便强行将梁贵人的皇子刘肇收为自己的儿子,并设计废掉了当时的太子刘庆,封年幼的刘肇为皇太子,蔡伦则负责照料太子的学习和生活。这期间,他与刘肇结下了深厚的友谊。

公元 88 年,刘□早逝,年仅 10 岁的刘肇当了皇帝。窦氏以太后身份垂帘听政,其哥哥窦宪依仗妹妹的势力凌驾于皇帝和百官之上。此时,蔡伦已升为中常侍,与州刺史同级,已有资格参与国家大事。公元 92 年,刘肇 14 岁,他不甘心受人摆布,便与蔡伦、郑重等人设计逼杀窦宪,夺回了大权。事成之

❀ 蔡伦墓

后，蔡伦因功受封，职位升至尚方令，主管宫廷器物制造及训练工匠。据史料记载，蔡伦为人机敏多才艺，爱好发明，经常动手改制各种器械、刀剑和生活用品。他正是在任尚方令期间，完成了造纸术的发明。

蔡伦利用作为尚方令可以进行大规模实验的有利条件，广泛总结劳动人民的造纸经验，改进造纸工艺，利用废旧易得的原材料，经一系列复杂的工序，制造出轻便廉价的"蔡侯纸"。公元 105 年，蔡伦将自己的成果上报朝廷后，受到皇帝的赞赏，并下令在全国推广。此后，"蔡侯纸"这种新的书写工具渐渐替代了竹简和帛。

东汉时期繁忙的造纸场面

随着纸张的大量生产，社会文化得到进一步发展。公元 114 年，朝廷因蔡伦造纸有功，封他为龙亭侯，封地在今陕西省洋县的龙亭铺。蔡伦还曾以长乐太仆的身份主持东观宫（国家图书馆）的文献整理。

公元 121 年，蔡伦受一系列宫廷斗争的株连，被革职受审。耿直的蔡伦认为这是奇耻大辱，于是在沐浴更衣后服毒自尽。

蔡伦虽然死了，但倾注了他半生精力的造纸术却没有随着他的离去而消失，人们看到纸自然就会想起含冤而死的蔡伦。公元 151 年，即蔡伦死后的第 30 年，汉桓帝刘志为蔡伦平反，同时，史官们也纷纷为这位伟大的发明家著书立传。人们对于蔡伦的怀念非常真诚，蔡伦的故乡耒阳及封地龙亭铺，由于人们的祭奉，已形成了蔡伦永久性的纪念地。造纸工匠们更是以蔡伦为祖师爷，年年香火祭祀，祈求事业兴隆。

公元 7 世纪，中国的造纸术开始传播到朝鲜、日本，随后又向阿拉伯和欧洲传播，让世界告别了无纸年代。蔡伦这个名字也被永载史册。

左伯纸

继蔡伦之后，人们又不断把他的造纸方法加以改进。东汉末年，又出现了一位造纸能手，他名叫左伯。他造出来的纸厚薄均匀、质地细密、色泽鲜明，当时人们称这种纸为"左伯纸"。但非常遗憾的是，历史上并没有把左伯所用的造纸原料和制造方法记载下来。

君士坦丁
Constantine **使基督教合法化的罗马皇帝**

君士坦丁是罗马帝国晚期最具影响力的一位皇帝，他不仅将罗马君主制推向了一个新的阶段，而且还颁布法令确立了基督教的合法地位，并使之成为罗马帝国的国教。从此，基督教迅速传播和发展起来，成为整个中世纪欧洲封建统治的精神支柱。

君士坦丁是第一位信仰基督教的罗马帝国的皇帝。毫无疑问，他最具深远影响的活动，就是在于顺应历史潮流，承认了基督教的合法地位，鼓励和扶持了基督教的发展。基督教的兴起，标志着一种取代正在衰落的古典文化的新型文化已经出现。除了使基督教成为在欧洲占统治地位的自由合法的宗教外，君士坦丁在治理国家方面也显示出了非凡的才能。他建立了比戴克里先体制更为完备的君主制，用公开的强制手段使3世纪以来发生的奴隶制危机缓和下来，使整个国家安定下来，远离了战乱。

公元280年，君士坦丁出生于麦西亚省的奈萨（今南斯拉夫东部的尼什城），父亲君士坦提是一名高级军官。君士坦丁在戴克里先皇帝的宫廷所在地——尼科米底亚度过了他的少年时代。

公元305年，戴克里先按他所制定的继承制度弃权退位，君士坦丁的父亲就成了罗马西半部的君主。306年，君士坦提在担任奥古斯都（副皇帝）仅15个月之后突然去世，君士坦丁被军队宣布为奥古斯都。

为了确立自己在罗马西半部的统治地位，君士坦丁执政后就挑起

※ 君士坦丁接受洗礼加冕为皇帝

内战，对与自己争夺王位的几个竞争对手发动了进攻。公元312年，君士坦丁在罗马附近的米尔维亚大桥战役中与最后一个劲敌马克森提决战。

　　公元323年，君士坦丁击败了帝国东半部的奥古斯都李锡尼。由于君士坦丁的妹妹是李锡尼的妻子，李锡尼便通过妻子的斡旋保全了性命。但到第二年，李锡尼却以阴谋叛变和私通蛮族的罪名最终被君士坦丁所杀。至此，君士坦丁成为罗马帝国唯一的独裁统治者。

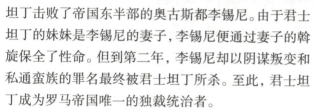

君士坦丁纪念金币

　　公元325年，君士坦丁主持了在小亚细亚的尼西亚城召开的"全世界大会"。这次会议是一次宗教会议，到会的主教共有318名，代表罗马帝国境内各地的教会组织。尼西亚大会是基督教历史上第一次宗教大集结，它确定了基督教的正统教义，并规定了教会的组织条例。

　　登上帝位之初，君士坦丁任命他与前妻维米列尔维娜的大儿子克里斯普斯为恺撒，让其管理莱茵河边界及高卢。后来，由于当时的妻子法乌斯塔挑唆说克里斯普斯曾调戏过她，君士坦丁便于公元326年将克里斯普斯处死在罗马。之后，他授权给法乌斯塔的三个儿子治理大片地区，和他们共同管理帝国。

　　公元330年，君士坦丁大帝将罗马帝国的首都迁到了黑海和地中海之间的城市拜占庭，并改名为君士坦丁堡（即今土耳其境内的伊斯坦布尔）。经过重建和扩建，君士坦丁堡成为当时世界上最大的城市之一，直到1453年仍是罗马帝国的首都。

　　作为第一位信仰基督教的罗马皇帝，君士坦丁究竟是何时开始信奉基督教的，这一点并不能确知。不过，在他逝世的前几天，他确实接受了基督教洗礼，正式成为一名基督徒。几天之后，即337年5月22日，君士坦丁因病离开了人世。

神秘的十字架

　　根据基督教传说，君士坦丁在米尔维亚大桥战役前夕的一天，看到天空中闪耀着一个十字架一样的火舌，而且上面还附有这样的一句话："依靠此，你将大获全胜。"于是，他便以十字架为旗标率军赴战，并大获全胜，成为西方名副其实的奥古斯都。从此，君士坦丁开始信奉基督教。

唐太宗
Emperor Taizong of Tang 一代明君

唐太宗不仅是一位具有雄才大略的军事家、政治家，同时还是一位颇有造诣的文学家和书法家。作为开创伟大治世的一代明君，李世民受到历代帝王将相和百姓的推崇与赞美，是中国封建王朝一位杰出的代表。

唐太宗即李世民，太宗是他死后的庙号，其谥号为"文皇帝"。李世民是唐王朝的第二代国君。他协助其父李渊在隋末农民起义中举兵反隋，建立唐朝。之后，他又致力于消除地方割据势力，统一全国的战争，表现出了杰出的军事才能。李世民即位后，吸取隋亡的教训，居安思危，任用贤良，虚怀纳谏，实行轻徭薄赋、疏缓刑罚的改革，并进行了一系列政治、军事改革，使社会安定、生产发展，形成了中国封建时代最著名的"贞观之治"的盛世景象。

唐太宗画像

李世民于公元 598 年出生在武功（今陕西省武功县西北），4 岁时曾有相面先生预言说，他将来必能济世安民，因此取名世民。16 岁时，他与 13 岁的长孙氏结婚，也就是后来贤明的长孙皇后。李世民自小习武，胆识、谋略过人，少年时期就表现出不同寻常的军事才华。

公元 617 年，李渊被任为晋阳（今山西太原）留守，李世民随父来到晋阳。这时隋政已衰，天下大乱，李渊父子广交英雄豪杰，准备举兵反隋，夺取天下。公元 618 年 3 月，隋炀帝杨广被杀，5 月，李渊登基，建立唐朝，是为唐高祖。唐朝建立后，李世民被封为尚书令、右武侯大将军，后又晋封秦王。公元 620 年，李世民率兵挺进中原，以破竹之势，相继收复了河南的多数郡县，将隋朝的残余势力围困在洛阳孤城之中。接着，他又果断地采取围城打援的作战策略，生擒了窦建德，迫使王世充投降。至此，平定叛乱的战争以唐军队的彻底胜利告终，全国重新得到统一。

虽然中国封建王朝在皇位继承上历来实行嫡长子继承制，但是李世民在统一全国的战争中所表现出来的才干

《步辇图》所描绘的是唐太宗接见吐蕃使者禄东赞的情景

和取得的功绩，明显高于太子李建成。同时，在战争的过程中，他又得到了一班能征善战、谋略过人的部下，如尉迟敬德、李靖、房玄龄等人，这便大大加强了他与太子李建成争夺帝位的能力。太子建成对来自李世民的威胁也心知肚明，便联合齐王李元吉加强自己的势力，与李世民展开了激烈而残酷的争夺皇位继承权的斗争。

公元626年6月4日，李世民率秦府幕僚长孙无忌、尉迟敬德等人，在玄武门内杀死了太子李建成和齐王李元吉，制造了著名的"玄武门之变"。两天之后，唐高祖下诏将李世民立为太子。8月，李世民登上帝位。第二年年初，唐太宗改元为贞观。

李世民即位后，表现出坦荡达观的胸襟，以不计前嫌的态度争取到原属李建成部下的一大批有才有谋的人，加上自己原来的属下，他以最短的时间巩固了帝位。君臣齐心协力，使唐朝的政治、经济、文化、外交得到空前繁荣，由此出现了历史上著名的"贞观之治"的太平景象。

公元636年，辽东战役回来之后，唐太宗不幸得了痈疽，此后一直调养，开始服用金石丹药。648年，他派人从天竺方士处求来所谓的"延年之药"，结果服用后病情恶化。649年5月，丹药毒性发作，太宗不治身亡，结束了自己辉煌的一生。

太宗玩鸟

魏征是一位非常正直的谏官。一天，唐太宗得到一只雄健俊逸的鹞子，他让鹞子在自己的手臂上跳来跳去。正当他赏玩得高兴时，魏征进来了。太宗怕魏征提意见，回避不及，赶紧把鹞子藏到怀里。其实这一切早被魏征看到，所以他禀报公事时故意喋喋不休，拖延时间。太宗不敢拿出鹞子，结果鹞子被憋死在怀里。

威廉大帝

William the Conqueror **征服英格兰的诺曼底公爵**

威廉是第七代诺曼底公爵,具有出色的政治、军事才能和野心勃勃的征服欲望。他强渡英吉利海峡,侵入英格兰,战胜敌手,成为英格兰国王。威廉在英国组建了强有力的政府和一支拥有雄厚军事力量的军队,结束了英国长期被侵略的历史。

在威廉之前,英格兰只是一个地理名词,一代侵略者在英格兰的土地上代替另一代侵略者,英格兰居民始终未形成一个统一的民族。是威廉结束了英格兰被反复侵略的历史,在英格兰建立了稳固的统治,成为英格兰的最后一个征服者。

威廉大帝大约于 1027 年出生在法国北部诺曼底的法莱斯镇,是诺曼底公爵罗伯特的私生子,也是罗伯特唯一的继承人。1035 年,罗伯特去世,弥留之际,他指定威廉为他的继承人,这样,8 岁的威廉继承了诺曼底公国第七代公爵的职位,成为封建贵族们的太上皇。但因为威廉年龄过小,一段时期内出现了严重的无政府状态,地位朝不保夕。后来,由于法国国王亨利一世的援助,威廉总算平安度过了少年时代,稳固了公爵地位。

1042 年,15 岁的威廉受封骑士。在进行了诺曼底封建贵族的平叛战争之后,威廉终于控制了自己的公国。后来,他娶了一个伯爵的女儿为妻,并与伯爵结为联盟。1051 年,威廉公爵被他的堂兄——无子嗣的"忏悔者"、英国国王爱德华立为继承人。

1063 年,威廉成功地征服了邻省马恩。1064 年,他还被公推为邻省不列塔尼的大封主。当时,英国最有权势的是爱德华的内弟哈罗德,威廉同爱德华关系

🌿威廉大帝是英格兰第一位诺曼人国王,他在英国建立起统一的王国,为英国未来发展奠定了道路。

亲密。同年，哈罗德被威廉俘获，在哈罗德宣誓支持威廉继承英国王位后，威廉将其释放。

然而，1066年1月，爱德华去世后，哈罗德却要求继承王位，并在贤人会议上将自己定为新国王。威廉野心勃勃地想要扩大疆土，对哈罗德的违约行为极为愤慨，于是决定武力进攻英国。

威廉于1066年10月率军踏上英格兰，在14日的黑斯廷战役中击溃了英军，杀死了英王哈罗德。同年圣诞节，威廉在伦敦登基英格兰王位，成为不可一世的威廉大帝。此后5年，英国曾爆发多次分散的起义，但都被威廉大帝镇压了，他还以这些起义为借口没收了英国所有的土地。后来，他把大片土地都封赐给了跟随他的诺曼底贵族，因此，诺曼底人代替了英格兰贵族阶层的地位。

威廉将欧洲大陆先进的封建主义带入英国，在他的领导下，英国政府成为当时欧洲最强大和最有效率的政府。由于威廉和他的继承者所保持的强大的中央政府和军队，英国从此再未遭受过任何侵略，反而占有了最多的殖民地，成为西方世界首屈一指的大帝国。此外，威廉还将法兰西文化植入英格兰，结果在英国产生了法兰西文化同英格兰文化融合而生的新型文化，自威廉统治时代起，英语开始迅速发展并向着简化的方向不断演变。

公元1087年，威廉在法国北部鲁昂城去世。从此之后，英国所有君主都是他的直系后代子孙。后人之所以给他冠以"征服者威廉"的称号，是因为他是法国人，而不是英国王位当然的继承人，除了他的个人野心和出色的政治才能外，诺曼底人没有任何原因和必要去入侵英国。

英国最后一任盎格鲁—撒克逊王哈罗德二世来到诺曼底，向诺曼底公爵威廉宣誓效忠。

🌸 关键的一跤

据说，渡海作战时，威廉第一个踏上英格兰的土地。刚上岸，他忽然两手着地滑了一跤，部将们以为这是不祥之兆，立刻叹声四起，威廉为了鼓舞士气，急中生智，连忙喊道："看！我的主呀！凭着上帝的荣耀，我已用双手握住英格兰了，英格兰是我的了！凡是我的东西，也就是你们的东西。"威廉说完，果然士气大振，将士们齐心同力，一鼓作气，一举击溃了哈罗德的军队，成功征服了英格兰。

在黑斯廷战役中，诺曼底骑兵与英国步兵对决。

成吉思汗

Genghis Khan 一代天骄

成吉思汗是中国古代蒙古族的首领，杰出的军事家和政治家。他凭借杰出的军事才能和灵活的外交手段，建立了横跨亚欧的大帝国。成吉思汗对世界历史产生了重要影响，成为叱咤风云的军政巨子。

成吉思汗身上有宽厚、仁慈的一面，这在团结部将，笼络人心上发挥了重要作用。同时，成吉思汗还具有顽强的意志和冷酷的性格，这是决定他征御四方，所向披靡的重要因素。

蒙古伟大的征服者成吉思汗，大约于 1162 年出生在蒙古乞颜部族孛儿只斤氏族世家，父亲也速该为部族首领。在他出生那年，其父与塔塔尔人作战取得胜利，并俘获了塔塔尔人的首领铁木真兀格。为了纪念这次重大的胜利，也速该为儿子取名为铁木真。9 岁时，铁木真被父亲带到弘吉剌部的斡勒忽讷儿惕氏族求亲。在回来的路上，也速该被塔塔尔人毒死，其部下不愿奉铁木真母子为主，相继叛离。铁木真的母亲不得不带着铁木真靠渔猎和挖野菜草根艰难度日。铁木真 13 岁时，一度被叛部泰赤乌的奴隶主逮捕，负枷示众。后来他趁着黑夜机

《成吉思汗统一漠北图》。成吉思汗于 1206 年建立了蒙古汗国，从而结束了漠北数百年的分裂历史。

智地潜逃回家，全家即远迁不儿罕山（今肯特山）。

铁木真成年后，决心恢复父亲的功业，先后通过迎娶童年时定亲的弘吉剌部的妻子孛儿帖以及忍痛将妻子的黑貂裘赠与克列部首领王罕等办法扩充自己的力量，最终打败了敌对的塔塔尔部族，成为蒙古草原最强的势力集团。之后，铁木真又率领部下南征北战，在不到20年的时间里，征服了其他大大小小几十个部族，统一了蒙古草原，并建立了蒙古汗国，成为万民敬拜的"成吉思汗"。

在统一蒙古的战争中，有一次，铁木真的部族在围猎时与泰亦赤兀惕人相遇。对方有200多人，没有锅釜，也没有粮草。铁木真留他们在自己的营地过夜，并发给他们粮草和猎物。泰亦赤兀惕人感激不尽，都称赞铁木真是"衣人以己衣，乘人以己马"的好首领。他们回去以后，互相联络起来，自愿投奔到铁木真的麾下。

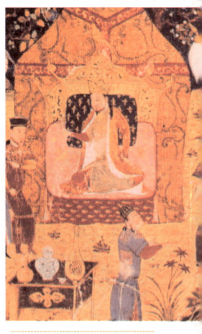

铁木真即汗位时的情景

统一蒙古后，成吉思汗征服的步伐并未因此终止。他先后征服了西辽、西夏等国，基本统一了中国北方，同时又发动大规模的西征，在短短20年的时间里，占领了中亚细亚直到欧洲东部和伊朗北部的广大土地，建立起横跨亚欧的大帝国。

作为一个卓越的军事家，成吉思汗所率领的蒙古骑兵虽然不多，但个个都精锐无比。蒙古军在作战时都轻装上阵，只带干粮和随身的武器，他们经常就地补充给养，所以才能来如天坠，迅如闪电。成吉思汗建立的驿站制度和日行200千米的传令兵，也使前方和后方得到了更紧密的联系。再加上成吉思汗善用谋略，指挥灵活自如和敢于使用新式武器，使蒙古大军成为战无不胜的军队。因此，在短短20年的时间里，席卷了整个欧亚大陆，这在历史上也是极为罕见的，曾有国外学者说："成吉思汗可与亚历山大相比。"

1227年，成吉思汗病卒于蒙古大军围攻西夏的行营中。群臣依其遗诏秘不发丧，以免军心动摇。3日后西夏王献城，蒙古军将其活捉后杀死，西夏遂亡，为成吉思汗伟大的征服生涯画上了圆满的句号。1271年，忽必烈建立元朝后，追谥成吉思汗为元太祖。

同饮泥水

在与克烈部的王罕第一次会战时，铁木真因寡不敌众，不得不收兵而返，撤退途中，他点视人马，发现只剩2 600骑。队伍行到朱尼河畔，大家看到河中水已干涸，只有泥汁可饮，铁木真环视队伍，看到将士们没有一个愿意离他而去，为此大受感动，于是同众人下马，同饮河中泥水，发誓永不相弃。随后，首领与众将士齐心合力，出其不意地袭击了王罕大营，大败王罕部。

马可·波罗

Marco Polo **世界著名旅行家**

马可·波罗是古代世界著名的旅行家，他在元世祖忽必烈统治期间来到中国，游历了 17 年之久，并著成了具有很高学术价值和史料价值的《马可·波罗游记》一书。马可·波罗作为将中国介绍给西方的第一人而永载史册。

马可·波罗是将中国介绍给西方的第一人。他通过游记和口述，把我国的煤、育蚕、造币、印刷术的情况介绍到了西方，还把建筑艺术和城市规划等成就向世界广为传播。在沟通中外文化、交流科学技术等方面起了巨大的促进作用。

马可·波罗于 1254 年出生在意大利威尼斯的一个商人世家。公元 1260 年，马可·波罗的父亲尼古拉·波罗和叔叔马菲·波罗从事国际贸易，由君士坦丁堡辗转来到布哈拉。在这里，他们遇到了元朝的使臣并相处融洽，使臣便劝说他们一同前往。于是，他们于 1266 年到达了欧洲商人从未到过的中国。忽必烈见到这两个威尼斯人非常高兴，询问了罗马教廷以及西方各国的治国、打仗和宗教上的一些问题，波罗兄弟均一一作答。忽必烈非常满意，就命人写了国书，请他们送到罗马教廷，请求教皇派一些精通工艺的人来中国授艺和传教。

1269 年，波罗兄弟回到威尼斯。这时尼古拉的妻子早已离开人世多年，儿子马可·波罗也已经长成了一个 15 岁的英俊少年。由于原来的教皇已去世，新教皇尚未选出，波罗兄弟无法执行忽必烈大汗的使命，只得暂留家中等待罗马教廷的消息。在这期间，他们向马可·波罗讲述了大量在中国的见闻，这引起了马可·波罗的浓烈兴趣。

《马可·波罗游记》法文手抄本插图。图中描绘的是波罗家族三人向忽必烈呈交教皇书信和耶稣圣墓中的灯油的情景。

两年后，当新教皇格里高利十世将回信和礼物交到波罗兄弟手中，命令他们去中国向忽必烈大汗复命的时候，年轻的马可·波罗便随他们一同前往了。

波罗三人的中国一行历尽了艰辛，历时三年半后，终于在 1275 年抵达中国。元世祖忽必烈召集文武百官盛会欢迎，并将马可·波罗留在宫中任职。马可·波罗聪明能干，深得元世祖的赏识和器重。

波罗三人在元朝生活了 10 多年，思乡之情日益迫切。1286 年，伊儿汗国的阿鲁浑汗派使臣到元室来求婚，忽必烈选出卜鲁罕家族的少女阔阔真为元室公主，准备远嫁阿鲁浑汗。这时，马可·波罗刚好从东南亚一带出使回来，伊儿汗国的使臣见马可·波罗精通地理，熟悉航海，便与波罗三人商量从水路返回。波罗三人当然求之不得，便奏请元世祖批准，元世祖虽面有难色，也只好答应，但要求他们回意大利与家人团聚一段时间后，仍然返回中国。1294 年，他们将阔阔真送到了伊儿汗国。在回意大利的途中，三人得知了忽必烈去世的消息，很是悲痛，同时打消了重返中国的念头。

1295 年，他们回到了阔别 24 年的故乡威尼斯。1298 年，威尼斯与热那亚发生了一场战争，马可·波罗受伤被俘，被投入热那亚监狱。在狱中，他的难友鲁思蒂谦是一位小说家，他精通法文，劝马可·波罗把自己在中国的所见所闻写成书。于是，由马可·波罗口述、鲁思蒂谦笔录的《马可·波罗游记》就这样产生了。

1299 年，马可·波罗获释，回到威尼斯，此后，再也没有外出远游。1324 年，70 岁的马可·波罗在威尼斯去世。

《马可·波罗游记》对中国文明及东方的地理状况作了详尽的描述，该书大大开阔了西方人的视野，引起人们对东方文明的普遍向往，成为文艺复兴运动的主要动力之一。

马可·波罗的商队浩浩荡荡地驶离威尼斯

《马可·波罗游记》

《马可·波罗游记》共分四卷，第一卷记载了马可·波罗诸人东游沿途见闻，直至上都止。第二卷记载了蒙古大汗忽必烈及其宫殿、都城、朝廷、政府、节庆、游猎等事以及自大都南行至杭州、福州、泉州及东地沿岸及诸海诸洲等事。第三卷记载日本、越南、东印度、南印度、印度洋沿岸及诸岛屿、非洲东部。第四卷记载成吉思汗后裔诸鞑靼宗王的战争和亚洲北部。每卷分章，每章叙述一地的情况或一件史事，共有229章。

但 丁

Dante 意大利民族文学的奠基人

但丁是意大利民族文学的奠基人,被恩格斯誉为"中世纪的最后一位诗人,同时又是新时代的最初一位诗人"。他的代表作《神曲》在思想性和艺术性等方面均达到了时代的先进水平,是一座划时代的里程碑。

但丁的创作反映了从中世纪向资本主义过渡时期意大利广泛而深刻的社会矛盾,他批判封建统治阶级的寡廉鲜耻,否定神权统治和教会至上,揭露教会的罪恶,同时歌颂知识与理性,肯定现实生活的价值和意义,赞美对美好爱情的追求,体现了人文主义思想的萌芽,成为文艺复兴时期即将到来的预言者。

1265年5月的一天,但丁出生在佛罗伦萨一个没落的小贵族家庭。关于他家的一些情况,留传下来的资料不多。据但丁在《神曲》里透露的一些,我们可以知道,他是古罗马人的后裔,他的曾祖父卡恰圭达是个贵族,死于十字军东征时期。他的父亲则是当地法庭的文书,这个时候,但丁的家道已经中落,与一般市民差不多了。

少年时期的但丁生活很艰苦,他把全部的精力都用在学习上,并得到了当时的著名学者布鲁奈托·拉蒂尼的精心指导,不但精通了拉丁文、诗学、修辞学和古典文学,还在哲学、音乐和绘画等方面有所研究。他潜心攻读荷马、维吉尔、奥维德的诗卷,在知识与智慧的海洋里汲取了丰富的养料。除此之外,但丁还在修道院旁听课程,深入阅读了哲学家波依修斯

🌷 但丁是现代意大利语的奠基者,同时,他也是欧洲文艺复兴时代的开拓人物之一。

的《论哲学的安慰》、阿奎那的被称为中古时期经院哲学百科全书的《神学大全》，又认真研究了亚里士多德的哲学体系。这样，但丁在中古文化的各个领域，都打下了坚实的基础，成为一个学识渊博的人。

少年时期，但丁曾热烈地爱慕过佛罗伦萨一位富人的女儿贝阿特丽采，但她后来嫁给了一个银行家，不到 25 岁便死了。但丁得知她的死讯后，陷入了巨大的悲痛之中，为了赞美和怀念这位自己深爱的女子，他将自己多年来写给贝阿特丽采的 30 首抒情诗结集出版，取名《新生》。这是意大利文坛上"温柔的新体"诗派的重要作品之一。

1289 年，但丁参加了同代表封建贵族的吉伯林党的战役，1302 年，由于敌党掌握了政权，但丁的全部家产被没收，并被判处终生流放。

流放初期，但丁写了三部著作。《飨宴》是意大利第一部用俗语写成的学术性论著，他打破了中世纪学术著述必须使用拉丁文的规矩。与《飨宴》几乎同时写作的是《论俗语》，这是最早的一部关于语言学诗律的著作。1309 年，但丁又写成了《帝制论》一书。

在流放后期，但丁开始创作使他成为不朽诗人的巨著《神曲》，这部呕心沥血的著作，是但丁坎坷一生的思想和艺术探索的结晶，代表了当时欧洲文学的最高成就。《神曲》全诗分《地狱》《炼狱》《天堂》三部分，共计 14 233 行。《地狱》《炼狱》大约完成于 1313 年，《天堂》在他逝世前不久才脱稿，创作了将近 10 年。但丁写这部长诗的主题和立意是非常明确的，目的就是要反映苦难的现实，启迪人心，表现出人类如何由迷雾经过苦难的磨炼，再达到真和善的境地的过程。

1321 年 9 月 14 日，56 岁的但丁在意大利东北部拉文纳去世。一颗文学巨星就此陨落，然而他绚烂夺目的光芒却永存人世。

《神曲》的伟大历史价值在于透露出了新时代的新思想——人文主义的曙光。图为《神曲》的插画。

小鱼和大鱼

一次，但丁出席执政官举行的宴会。听差给各官员的都是又肥又大的煎鱼，给但丁的却很小。于是，但丁把小鱼拿起来凑近耳朵听，然后再放回盘子里。执政官觉得很奇怪，问他在做什么。但丁大声说："几年前，我的一位朋友逝世后举行的是海葬，不知他的遗体是否已埋入海底，我就问这条小鱼知不知道情况。可是它对我说，自己还小，不知道过去的事情，让我向同桌的大鱼们打听一下。"执政官听后哈哈大笑起来，吩咐听差马上给但丁端一条最大的煎鱼。

谷登堡
Gutenberg 金属活字印刷术的奠基人

谷登堡是欧洲金属活字印刷术的奠基人,他对印刷术所作的贡献具有划时代的意义。从此,大量的印刷图书代替了繁重落后而又容易出错的手抄图书,为新思想、新作品的传播提供了物质基础,使文艺复兴和宗教改革空前高涨,大放异彩。

谷 登堡于 15 世纪中叶开始活字印刷的发明研究,他选用金属材料来制作活字,并确定了每种金属的含量配比。此外,谷登堡还发明了铸字盒、冲压字模、铸造活字的铅合金、木制螺旋印刷机、印刷油墨和一整套印刷工艺。

谷登堡,这位默默无闻的工匠所发明的西方活字印刷术几乎改变了整个世界,然而对于这位伟大发明家的身世,我们却

知之甚少。谷登堡一生中的许多时间都耗费在与人纠缠不休的官司上。有一个案子是关于他父亲遗嘱的争端;另一个则是关于一份本应属于他母亲财产的官司;还有一个叫安娜的女人告他违背了原先答应娶她的婚约;连一个鞋匠也向法院起诉,说谷登堡是一个谎话连篇的大骗子。直至他生命的最后一刻,他还在为一些债务而与他人对簿公堂。我们正是从这些案件的记录中,对谷登堡的生平有了一些大致的了解。

大约在 1400 年, 谷登堡出生于德国的战略重镇美因茨,他早年家境还算富裕,曾学过一段时期的金工。1430 年,美因茨城镇居民之间发生冲突,

> 虽然谷登堡的一生并不是非常如意,但是他的发明却光芒四射,导致了一次媒介革命,迅速推动了西方社会科学的发展。

谷登堡家族所在的一方被击败,他们一家不得不搬到美因茨以南160千米的斯特拉斯堡居住。

大约在1435年,谷登堡开始研究印刷术。在这以后的20年时间里,谷登堡最关键的发明就是金属活字的铸造。近代印刷必备的活字、印刷机、油墨和纸张四大要素中,只有纸张是谷登堡时代已经具备的,其余三个要素则是谷登堡经过自己的努力,或进行重大改造或独立发明而创制出来的。

1450年,谷登堡的研究已初见成效。他回到美因茨后,为了购置印刷工具,从富裕律师约翰·福斯特那里贷了800荷兰盾,开办了自己的印刷厂。

1455年,谷登堡开始使用新技术印刷拉丁版的《四十二行圣经》。为了实现自己的发明创造,谷登堡甘冒一切风险来推行这项工作。他原想这项工作完成以后,便可带来可观的收益,然后再利用这笔钱来偿还贷款。然而债权人福斯特却不能等到这一天,《四十二行圣经》还没有印刷完,他便将谷登堡告上了法庭。法庭的裁决令谷登堡悲痛不已:他要连本带利偿还福斯特的一切贷款。这样,谷登堡只好把铅活字、印刷机和所有还在手上的印刷品全部抵给福斯特。因此,《四十二圣经》的印刷最后是由福斯特和谷登堡的女婿彼得·舍弗尔共同完成的,而谷登堡本人根本没见到《四十二行圣经》出售之后所赚回的一分一厘。他多年来奋斗的结果,最终却成为福斯特和舍弗尔新公司的资产。

可是,谷登堡并没有放弃自己的希望,后来他又通过各种渠道筹到一些资金,拥有了全套印刷设备,继续经营印刷业,但他始终未能摆脱债务的纠缠。

至于谷登堡的晚年生活,像他一生中的许多阶段一样遮掩在云雾之中。我们仅知道,作为一名美因茨的杰出公民,他于1465年得到了一份为数不多的年金,大约3年以后,谷登堡在美因茨去世。

图为使用谷登堡发明的木质螺旋印刷机印刷的第一本《圣经》书影

扑克牌的启示

一天晚上,谷登堡拿起一张扑克牌久久地凝视着。在那个时候,人们已经掌握了雕刻制版技术,谷登堡拿的这张扑克牌就是用雕刻木版制作的。然而在他看来,这张牌印刷的太粗糙了,简直不能用。他心想自己一定有能力提高扑克牌的印刷质量,于是开始进行反复试验,最终发明了金属活字印刷术。

贞 德
Joan of Arc 法国的民族女英雄

贞德是法国历史上的民族女英雄，在英法百年战争的后期，她担负起民族解放的重任，勇敢反抗英军的侵略，建立了无数功勋。最终，为了祖国的解放事业，贞德献出了自己年轻的生命。因此，她被册封为圣女，受到历代法国人民的敬仰。

在中世纪几百年间，英法两国通过王室的联姻建立起千丝万缕的联系。14世纪时，因为王位继承权问题和争夺法国境内富庶的佛兰德尔地区，英法两国展开了激烈的斗争，终于酝酿成一场旷日持久的战争，从1337年一直持续到1453年，长达116年，史称"百年战争"。贞德就是从百年战争中涌现出来的民族女英雄。

1412年，贞德出生于法国东北部香槟和洛林交界处一个叫杜瑞米的村子里，父亲和母亲都是虔诚的天主教徒，对子女管教很严。受到父母虔诚信仰和正直品德的影响，贞德从小就善良、温和，性格坚强。

🌿 贞德出席在亚眠大教堂举行的查尔斯七世加冕礼

杜瑞米是法国的领地，与勃艮第公爵的领地相邻。当贞德还是一个孩子的时候，她的家乡就屡次遭到勃艮第人的洗劫，饱受战争的苦难。另外，国家政治衰败、人民的生活遭受着痛苦，这一切都深深地刺痛着贞德的心，并使她很快地成长起来。当时，在英军统治下的法国北部人民的抗英活动非常激烈，贞德在人民抗英救国的氛围中长大，产生了强烈的爱国主义思想，同时决心投入救国战争中去。

英军于1428年占领巴黎后，倾注全力向通往法国南部的门户——奥尔良发动进攻，妄图吞并整个法国。法国太子及宫廷面对敌人强大的攻势，惊慌失措，国家危在旦夕。在这个关键时刻，年仅 17 岁的贞德辞别亲人，离开家乡，主动向太子查理请缨，要求带兵抗击侵略者。陷于绝望的查理答应了她的请求，并赐予她军旗、战马和佩剑。

1429 年 4 月 27 日，贞德身穿铠甲，骑着雪白的战马，率领救援军 3 000 余人进军奥尔良。她女扮男装，在战场上冲锋陷阵，身先士卒，英勇冲杀。在贞德的带领下，法国士兵艰苦激战，终于击退英军，解除了奥尔良之围。这成为法国反败为胜的关键一仗，也是整个百年战争的转折点。法军因此士气高昂，乘胜追击，并连克数城。一时间，贞德的爱国精神和英雄业绩在法国广为传颂，人们把她看作法国的救世主，尊敬地称她为"奥尔良的女儿"。

但是，贞德的声誉和影响却引起了封建统治集团的嫉妒和不安，在抗英战争还未取得彻底胜利之前，他们便企图谋害她。1430 年，在军事重镇康边附近的一次战斗中，贞德被英国侵略者在法国的帮凶勃艮第集团俘获，并以 4 万法郎为代价卖给了英国。英国人将贞德囚禁了一年后，于 1431 年 5 月 30 日将她作为女巫烧死在卢昂的火刑柱上。那一年，贞德未满 20 岁。

贞德虽然死了，但她却永远活在法国人民的心中。1453 年，在贞德爱国主义精神的感召下，法国终于取得了百年战争的最后胜利。1920 年，梵蒂冈教廷为贞德平反，将她册封为圣女，平复了 500 年来的冤屈。为了缅怀历史上的这位女英雄，法国每年都会在兰斯举办圣女贞德节。

贞德是法国的爱国者和殉教徒。她的生命虽然短暂，但却光芒四射。

✿ 挥旗鼓士气

奥尔良战役的胜利是百年战争的转折点，贞德在这场战役中起到了至关重要的作用。在奥尔良的关键一战——土尔斯堡战役中，法国许久未能攻下堡垒，贞德也在督战中受伤。奥尔良城的司令见此情况有些灰心，打算吹号收兵。这时，贞德不顾伤痛，阻止他下达命令，并从士兵手中夺下战旗奋力挥舞。法军看到飘扬的战旗，顿时军心大振，锐气大增，刹那间像潮水般涌向敌阵，最终使英军全军覆没。可以说，没有贞德，就不可能取得奥尔良战役的胜利。

哥伦布
Colombo 伟大的探险家

赌徒还是航海家？商人还是探险家？智慧、勇敢和信念才是哥伦布成功的秘诀。哥伦布发现新大陆是人类有史以来最惊人的地理大发现，同时也是人类挑战自我，征服世界的一次伟大胜利。

🌸 哥伦布

🌸 即将远航的哥伦布与国王、王后道别。

作为一个传奇式的探险家，哥伦布的一生有着极不寻常的经历。他一度成为人们心目中的英雄，后来却又遭到冷遇。新大陆的发现开启了到新世界探险和殖民的时代，既为日益增多的欧洲人口找到了新的安家落户之地，又为欧洲的经济发展提供了新的资源。同时，这一发现也导致了美洲印第安人文明的毁灭。

哥伦布于1451年出生在意大利热那亚一个纺织工人家庭。由于家庭经济拮据，他从小就没有受过正规的教育。但哥伦布十分好学，利用闲暇时间自学了许多知识。从14岁起，哥伦布就开始随着货船在地中海上航行，并当过水手。期间，哥伦布有幸接触了许多远洋航行的书籍，尤其是《马可·波罗游记》使他对东方产生了浓厚的兴趣和强烈的好奇心，他时刻向往着东方之行，想看看富庶的中国和日本究竟是什么样子，并开始关注从托勒密那里传下来的关于地球周长的数值。他坚信如果西行去亚洲，一定可以缩短航程。

1476年，哥伦布参加了热那亚的一支护航舰队，在一次海盗袭击中，他负伤落水游上了葡萄牙国土。从此，哥伦布便在这个国家里学习航海知识，参加远洋航行，并与在葡萄牙服务的一位著名意大利航海家的女儿结了婚，这更加深了他对航海的兴趣。

1478 年，哥伦布将探索通往东方航路的建议书正式呈报给了葡萄牙国王，但未被采纳。1485 年，哥伦布的妻子去世了，他心灰意冷地带着自己的独生子来到了西班牙。在那里，因为有贵族的支持，他的远航计划逐渐传到了西班牙宫廷。经过几年的周旋后，他终于说服国王为他的探险航行提供了一切所需。

✥ 哥伦布登上圣萨尔瓦多时的情景

1492 年 8 月，哥伦布终于把自己的设想变成了现实。他率领"圣玛丽亚"号等 3 艘船和水手 87 人从巴罗斯港启航，横渡大西洋，于 10 月抵达巴哈马群岛中的圣萨尔瓦多岛。哥伦布一直认为那里是日本附近的一个地方，却不知道它位于现在的美洲。继而又航行至古巴、海地等岛，次年返抵巴罗斯港，这是欧洲人第一次登上亚洲大陆。哥伦布虽然没有见到马可·波罗所描写的中国文明，但他坚信自己到了亚洲。

这次出行使哥伦布闻名天下，并被西班牙国王授予了海军司令和总督的头衔。1493 年 9 月，哥伦布组织了第二次更大规模的远航，来到了北美大陆，但发现土地并不像想象的那样富饶。于是在 1498 年，哥伦布又作了第三次远航，到达了南美洲加勒比海沿岸各地，结果仍然大失所望。哥伦布一直认为这里是亚洲的一个海岛。

哥伦布的三次航行虽然遇到了很大挫折，但也给美洲大陆带来了巨大的影响，新大陆被发现的消息很快在欧洲广泛流传。1502 年，不甘心的哥伦布又作了第四次远航，这一次到达了中美大陆，但终未找到梦寐以求的黄金和珠宝。1506 年 5 月 20 日，哥伦布在贫病交加中死去，而他西行到亚洲的目标也只有留给别人去完成了。

✥ 哥伦布竖蛋

一天，有人取笑哥伦布发现新大陆的功绩说："这是再简单不过的事情了。"哥伦布沉思一会，取来一个鸡蛋，对这些人说："先生们，你们当中有谁可以使鸡蛋竖着立起来吗？"人们愕然，不知所措。这时，只见哥伦布轻轻敲破鸡蛋顶部的壳，于是鸡蛋就立在桌子上了。哥伦布平静地说："这再简单不过了！任何人都可以做到——在有人做过之后。"

达·芬奇

Leonardo da Vinci **文艺复兴之杰**

达·芬奇是欧洲文艺复兴时期杰出的艺术家、科学家，他以博学多才而著称，在绘画、力学、光学、天文学、地质学、气象学、机械设计等方面都有不少创见和发明。达·芬奇与米开朗琪罗、拉斐尔并称为"文艺复兴三杰"。

"**上**天有时将美丽、优雅、才能赋予一人之身，令他超群绝伦，显出他的天才来自上苍而非人间之力。列昂纳多正是如此。他的优雅与优美无与伦比，他的才智之高可使一切难题迎刃而解。"这是文艺复兴时期的传记作家瓦萨里对达·芬奇的溢美之词。

列昂纳多·达·芬奇于 1452 年 4 月 15 日出生在佛罗伦萨附近托斯卡纳山区的芬奇镇，他是一个私生子，从小是在继母和祖父的管教下长大的。很小的时候，达·芬奇就显示出了出众的艺术才华，唱歌、绘画、吹笛子样样精通，但他最喜欢的还是绘画。18 岁时，父亲把他送到著名画家、雕塑家韦罗基奥的画室学习。在韦罗基奥的严格教导下，经过 9 年学艺生活的磨炼，达·芬奇打下了良好的艺术创作和科学发明的基础。

1472 年，20 岁的达·芬奇协助老师完成了祭坛画《基督受洗》《受胎告知》等优秀作品，表现出卓越的艺术才华，使老师大为吃惊。1476 年，达·芬奇离开韦罗基奥画室开始独立作画，成为一名职业画家，并于 1480 年建立了自己的画室，创作了《拈花圣母》《博士来拜》和《圣哲罗姆》等画作。其中《拈花圣母》表现了人物的温和、娴静，整个画面和谐优美，而另外两幅则真实而深刻地刻画出了栩栩如生的人物形象。

1482 年，达·芬奇离开佛罗伦萨来到米兰，开始了长达 17 年之久的生活。1484 年，他又受邀为莫罗大公的祖父制作骑马的全身塑像，9 年后，这座 6 米高的泥塑模型终于完成，

《蒙娜丽莎》是达·芬奇的著名代表作。蒙娜丽莎的微笑已经成为永恒。

并在公爵城堡广场公开展出，一时间轰动米兰。与此同时，达·芬奇还完成了两幅著名的油画作品——《岩间圣母》与《最后的晚餐》，其中《最后的晚餐》是世界最著名的宗教画。

1499 年 10 月，法国军队占领了米兰。同年 12 月，达·芬奇回到了他久别的故乡佛罗伦萨。在这里，达·芬奇利用大量时间研究人体比例构造和人的脸部构造，并完全掌握了其中的奥秘。他将人物与自然有机地结合，并能栩栩如生地表现出人物的动作和光线的明暗。他能够尽最大可能通过面部表情和人物语言来表现"灵魂的感受"，并能再现人物脸部的神秘感。

《蒙娜丽莎》是达·芬奇的传世名画，创作于 1503 ~1506 年间，画面着重表现蒙娜丽莎的微笑，有很深的用意。在中世纪黑暗的岁月里，封建统治和基督教禁欲主义残酷地摧残了西欧人民近千年，人们早已失去了理想自由和幸福生活的权利。文艺复兴的到来，唤起了人们丧失已久的笑容，充满着新时代、新人物的自信和乐观，洋溢着对未来、对真善美的渴望。达·芬奇用艺术形象表明，人从禁欲主义中解放出来后，可以自由而明朗地微笑。

1513 年，61 岁的达·芬奇再次离开佛罗伦萨，开始了漂泊不定的生活。1519 年 5 月 2 日，达·芬奇因病在法兰西逝世，享年 67 岁。

《最后的晚餐》描绘耶稣在遭罗马兵逮捕的前夕和十二门徒共进最后一餐时预言"你们其中一人将出卖我"后，门徒们显得困惑、哀伤与骚动，纷纷询问耶稣"主啊，是我吗？"的瞬间情景。

达·芬奇画蛋

达·芬奇到韦罗基奥的画室后，老师一连几天都让他画鸡蛋。一天，达·芬奇终于不耐烦了，于是问老师为何让他画如此简单的东西。老师意味深长地说："这个蛋可不简单，世上没有两个完全相同的蛋，即使是同一个蛋，由于观察角度不同，光线不同，它的形状也不一样。"达·芬奇这才恍然大悟，原来老师是在培养他观察事物和把握形象的能力呀！从此之后，他开始认真地学习绘画基本功。

达·伽马

Vasco da Gama **东西方新航路的开辟者**

达·伽马是葡萄牙著名的航海家、探险家,他开辟了东西方的新航路,使葡萄牙从一个落后而又弱小的国家变成了世界强国,并且加速了整个欧洲和全世界范围内从封建主义向资本主义的过渡。同时,也在世界航海史上写下了光辉的一页。

达·伽马是第一位从海路绕过非洲好望角抵达印度的航海家,他的远航开辟了西欧与印度之间的直达海路,他运回的珍品宝物使整个欧洲为之轰动。从此,葡萄牙便开始成为印度洋的控制者,并开始了向东方扩张的新时代。

瓦斯科·达·伽马于 1460 年出生在葡萄牙海滨市镇锡尼希一个破落的贵族家庭。他的父亲埃斯特沃·达·伽马是葡萄牙贵族,曾任锡尼希城堡司令官。据说,达·伽马曾在埃武拉城的某处学习过数学和航海。

1492 年,为了报复法国对葡萄牙航运业的破坏,达·伽马奉国王约翰二世之命截掠法国船只,并出色地完成了这项任务,为他以后远征印度创造了条件。后来,哥伦布发现新大陆的消息激励了西班牙国王曼努埃尔一世,他开始策划前往

1497 年,达·伽马率领舰队踏上航途。

印度的航行。最终，达·伽马被选为率领远征军的指挥官。

　　1497年7月8日，达·伽马率领着由4艘船只，170多人组成的舰队从里斯本南面的雷斯特洛出发。7月26日，在迪亚士的护送下，达·伽马一行到达佛得角群岛。为了躲避几内亚湾的激流，舰队远离非洲沿岸，深入南大西洋，共行驶了393天，于11月初到达好望角北部的圣赫勒拿湾。11月19日，船队到达好望角，在遭受了三天三夜暴风雨的袭击后，终于在11月22日绕过好望角，又开始沿非洲东海岸向北航行。

　　1498年5月20日，达·伽马的舰队战胜重重困难，终于抵达印度南部最大的商港卡利卡特。然而，葡萄牙人在东非沿海粗暴的行为使卡利卡特人非常厌恶，同时，长期垄断这里经济贸易的阿拉伯人更把这群危险的竞争者视为"异端"。于是，这年8月29日，达·伽马被迫率领舰队离开卡利卡特开始返航。1499年1月8日，达·伽马一行经历了千辛万苦终于到达马林迪。曼努埃尔一世对达·伽马开辟新航路的行为表示赞赏，并授予他贵族的称号。

　　1502年2月，为建立葡萄牙在印度洋的霸权，国王派达·伽马向印度洋作第二次航行，并任命他为葡萄牙海军上将，指挥整个舰队的航行。6月14日，达·伽马一行到达东非的苏发拉，并宣布葡萄牙对该地的主权。1502年12月2日，达·伽马下令袭击卡利卡特，并屠杀了近40个土著欣德斯渔人，征服了卡利卡特和马拉巴南部重镇柯钦。

　　1503年9月，达·伽马回到里斯本，在他青少年时代生活的埃武拉城过起了隐居生活。1519年，他被封为维迪奎埃拉伯爵。后来，由于落后的葡萄牙远远跟不上它向东方扩张野心的步伐，所以国王约翰三世再次起用了年过花甲的达·伽马。

　　1524年9月，作为葡萄牙在印度的总督，达·伽马第三次到达马拉巴。但这时他已年迈体衰，无力再挽救葡萄牙人竭力经营的"东方帝国"。同年12月24日，达·伽马在当时葡萄牙殖民统治的中心柯钦港病逝，时年64岁。

达·伽马的远航舰队图。处于中心位置的是指挥船"拉斐尔"号。

纳塔尔

　　1497年圣诞节前夕，达·伽马率领的船队终于闯出了惊涛骇浪的海域，通过好望角驶进了西印度洋的非洲海岸。圣诞节时，达·伽马来到南纬31°附近一条高耸的海岸线面前，他想起这一天是圣诞节，于是将这一带命名为"纳塔尔"。现今南非共和国纳塔尔省的名称即由此而来，葡语意为"圣诞节"。

哥白尼

Nicolaus Copernicus 创立太阳中心说的人

哥白尼是世界近代天文学奠基人，也是一位永不知疲倦的学者。他创立的"太阳中心说"，是天文学上的一次伟大革命，引起了人类宇宙观的重大革新。哥白尼也因此成为人类文明史上的伟大科学家。

伟大的波兰天文学家哥白尼把统率整个宇宙的支配力量赋予了太阳，认为各个天体都有其自然的运动。他创立的"太阳中心说"在经历了漫长的 3 个世纪的斗争后，最终推翻了 1 000 多年来一直占据着统治地位的"地心说"。

1473 年 2 月 19 日，哥白尼出生于波兰维斯瓦河下游托伦城一个富裕的家庭。父母双亡的不幸给小哥白尼稚嫩的心灵上留下了难以愈合的创伤。在亲戚的安排下，哥白尼与哥哥由舅舅瓦兹洛德抚养。瓦兹洛德是瓦尔米亚地区的大主教，而且是这个地区文艺复兴运动的先驱者。舅舅家里良好的文化氛围和大量的藏书使哥白尼眼界大开。

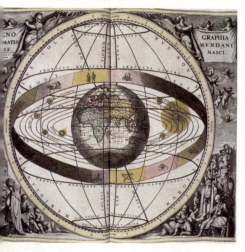

🔖 根据哥白尼提出的"太阳中心说"绘制而成的图画

1491 年，哥白尼以优异的成绩迈进了波兰首都克拉科夫大学的校园。舅舅瓦兹洛德为哥白尼兄弟安排了舒适的生活条件，让他们一心一意地学习。在克拉科夫的学习生涯，是哥白尼成为一个天文学家的开始。教天文学和数学的沃伊切赫教授给了他很大的影响。他在青年哥白尼的内心深处播下了敢于向传统理论与权威提出质疑的种子，正是这粒种子激励着哥白尼实现那具有划时代意义的发现。

后来，舅舅又将哥白尼送到意大利的博洛尼亚大学去学"教会法"。在那里，哥白尼用相当多的精力去研究古希腊哲学家和天文学家的

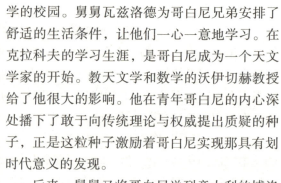

著作，学会了天文观测技术，并获得了宗教法博士学位。

1506年，法国入侵意大利的战争爆发，哥白尼不得不终止学业，回到祖国波兰。1507年的春天，他开始撰写第一篇天文学论文《浅说关于天体运动的假设》。1510年年底，论文顺利完成，并且获得了很多人的支持。这是哥白尼早期科学研究的成果。

1512年，舅舅去世之后，哥白尼被派往波罗的海海滨的弗龙堡教堂任职，并作为一名神父在这里度过了30年的时间。在这座偏僻的海边小城中，哥白尼用自己并不充裕的业余时间开始了漫长的探索历程。由于巍峨的弗龙堡建立在小城中一个地质坚固的高岗上，哥白尼便自己动手建立了一座用自制的仪器进行天文观测的小小的"天文台"。哥白尼后来所著《天体运行论》一书中引用的观察材料，大都是这时记录下来的。

1541年夏天，受主教的邀请，哥白尼与助手雷蒂克来到主教驻地卢巴瓦，共同商讨《天体运行论》的出版事宜。从卢巴瓦归来后，雷蒂克先完成了一本名为《初讲》的小册子，为新书的出版投石问路，轰动了整个欧洲的学术界，这无疑是对《天体运行论》出版的一个强有力的推动。1543年5月，《天体运行论》终于在德国的纽伦堡出版了。

《天体运行论》又名《论天球的旋转》，在这本书中，哥白尼通过大量的天文现象的内在联系，深入地揭示了地球围绕太阳运行的科学真理。以"日心说"取代"地心说"，从根本上打破了"地球是上帝特地安排在宇宙中心"的宗教神话，为后人开辟了一条大胆挑战权威、勇于探索真理的道路。

1543年5月24日，出版商为哥白尼寄来一本《天体运行论》，然而他却没有力气看一眼这本凝聚了自己一生心血的书。这一天，这位伟大的科学家永远离开了人世，他终于可以安心地休息了。

❀《天体运行论》不仅是现代天文学的起点，同时也是现代科学的开始。哥白尼那具有创造性的理性思想，为伽利略等后起之秀拉开了真正的天文学序幕，激励着每一代科学家前赴后继，推动着天文学的不断前进与发展。上图为哥白尼画像。

❀ 从小立志

哥白尼从小受到良好的学校教育，喜欢观察天象。他常常独自仰望繁星密布的夜空。有一次，哥哥不解地问哥白尼："你整夜守在窗边，望着天空发呆，难道这表示你对天主的孝敬？"哥白尼回答说："不！我要一辈子研究天时气象，让人们望着天空不害怕。我要让星空和人类交朋友，让它给海船校正航线，给水手指引航程。"

米开朗琪罗
Michelangelo 文艺复兴艺术家

> 米开朗琪罗，一位多才多艺、知识渊博的艺术大师，他集雕刻家、画家、建筑家、诗人等多种头衔于一身。在长达70余年的创作生涯中，他历经坎坷，执著创作，为人类文明增添了许多不朽的篇章。

米开朗琪罗是文艺复兴时期雕塑艺术最高峰的代表，他以坚毅的个性，严肃的艺术表现手法，通过对人类自身充满活力的歌颂以及对命运抗争的悲剧性的刻画，表达了他的道德观和对人类前途的深切关注。

米开朗琪罗的著名雕塑作品《大卫》

米开朗琪罗·波纳罗蒂于1475年3月6日出生于佛罗伦萨附近的卡普里斯一个地方行政长官的家庭，6岁丧母，父亲是一个暴烈、烦躁的人。他刚出生时就被寄养在一个石匠家，是在石匠妻子的哺育下长大的，正如他后来所说："我是全靠奶娘的奶水，才拿起雕刻刀和锤子来的。"

童年时代，米开朗琪罗曾在一个拉丁语学校学习，13岁进入吉兰达约的画室，且成绩非常优异，据说这令他的老师也嫉妒起来。第二年，米开朗琪罗开始喜欢一种更具有英雄气息的艺术，于是师从贝尔托尔多学习雕塑，这一学就是4年的时光。在这里，年轻的米开朗琪罗阅读了许多古籍，沐浴着柏拉图研究风气，他的思想被感染了，沉湎于怀古的生活之中。他不但接触了大量的古代雕塑收藏品，获得了绘画和雕塑技巧的最初经验，心中还出现了一个崇高的信念——成为一名古希腊式的雕塑家。在老师的指导下，他雕刻了《半人马与拉庇泰人之战》。这座骄傲的浮雕，反映出米开朗琪罗成熟时期的武士式的心魂与粗犷坚强的手法，对他后来的雕塑风格产生了不可估量的影响。

1501 年的春天，佛罗伦萨的执政官和米开朗琪罗签下了雕刻《大卫》的合同。这是一块高达 5 米的圆柱形石头，中间有一个丑陋的窟窿。就是用这块石头，米开朗琪罗雕成了举世闻名的《大卫》。

《大卫》石像连同基座高5.5 米，是以《圣经·旧约》中所记载的以色列国一个牧人的儿子为原形的。当非利亚人侵犯时，他勇敢杀敌，打退了敌人，挽救了民族，成为以色列的民族英雄和首领。米开朗琪罗通过雕塑这位英雄表达了自己对国家炽热的情感。

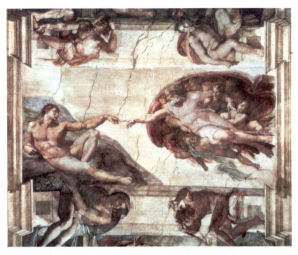

米开朗琪罗的巨作《创世纪》是世界美术史上规模最大的壁画之一。图为《创世纪》局部之《上帝创造了亚当》。

完成《大卫》后，米开朗琪罗的名字已被列入伟大雕刻家的史册里。这时，他还不满 30 岁，他的艺术风格也更趋成熟。

米开朗琪罗的另一件著名的雕塑是《摩西》。在这座雕塑中，他把这位基督教圣经故事中古代犹太人的领袖塑造成了半神化的英雄人物。这件作品包含了艺术家对祖国命运的高度关注，使人感受到嫉恶如仇和大义凛然的内心力量。

壁画《创世纪》是米开朗琪罗为罗马城梵蒂冈西斯廷礼拜堂拱顶而创作的。整个壁画的面积是 538.68 平方米，包括几百个人物。他一人爬在 18 米高的脚手架上仰头作画，以超人的毅力历时 4 年多才艰难地完成了这些宏伟惊人的"巨人世界"。《创世纪》完成以后，37 岁的米开朗琪罗已背驼腰弯，视力急剧下降。

米开朗琪罗晚年时开始从事建筑设计和诗歌创作，其中他设计的罗马圣彼得大教堂的祭坛部分和罗马的卡皮托利广场建筑群最具代表性。1564 年 2 月 18 日，89 岁的米开朗琪罗逝世，在去世的前一刻，他还在自己的工作室中忙碌着。

力求完美

米开朗琪罗是一个力求完美的人，他无论雕刻还是绘画，总是花很多时间沉思、推敲、琢磨。有一次，友人拜访米开朗琪罗，看见他正为一个雕像做最后修饰。可是过了一段时间，友人再次拜访，看见他仍在修饰那尊雕像。友人责备说："你的工作一点进展都没有，你动作太慢了。"米开朗琪罗说："我要让雕像的眼睛更有神、肤色更亮丽、肌肉更有力。"友人说："这些都是小细节啊！"米开朗琪罗微笑着说："是啊，把所有小细节都处理妥当，雕像就变得完美了。"

麦哲伦
Ferdinand Magellan 第一次环球航行的领航者

　　麦哲伦是西班牙著名航海家和探险家,第一次环球航行的发起人与领航者,第一个绕过了美洲最南端的人。麦哲伦的突出贡献不在于环球航行本身,而在于其大胆的信念和对航海事业的出色指挥,他对后世航海和科学事业作出了巨大贡献。

🌿 麦哲伦船队的环球航行,用实践论证了地球是一个球体,证明不管是从西往东,还是从东往西,我们都可以环绕这个星球一周,然后再回到原地。图为麦哲伦画像。

　　1480年,菲迪南·麦哲伦出生于一个葡萄牙贵族之家,据说出生地点大概在波尔图。少年时期,麦哲伦一直在里斯本的宫廷里当宫内侍从。1505年,他应征加入葡萄牙首任东方总督弗朗西斯科·阿尔梅达指挥的葡萄牙海军舰队,前往印度作战。1511年,麦哲伦随舰队参加了攻占马六甲海峡的战役。

　　1512年,麦哲伦回到里斯本,次年赴摩洛哥参加进攻阿萨莫尔要塞的战斗。在攻占中,脚部负伤,因而终生行走不便。

　　1514年,麦哲伦回到葡萄牙,以在战争中为祖国立过汗马功劳为由要求享受优良的待遇,但遭到拒绝,国王反而因听信别人的谗言而对他下了驱逐令。

　　1517年,麦哲伦放弃葡萄牙国籍,来到西班牙朝廷为国王查理一世效力。为了完成哥伦布当年没能完成的事业,从西面到达真正的东方,开辟盛产香料的摩鹿加群岛(今印度马鲁古群岛)的新航线,打破葡萄牙人对香料贸易的垄断,麦哲伦向西班牙国王呈上了自己的远征计划。1518年3月,西班牙王室批准了麦哲伦的远征计划,并允诺若航行中发现新的土地,他及他的子孙将享有治理权。1519年9月20日,麦哲伦率领一支由5艘船,270名海员组成的船队由西班牙南海岸的圣卢卡尔港启航,并于9月26日到达了加纳利群岛。此后,他们又向西南方向航行，经过风平浪静的几内亚海岸，于12月13日到达巴西的里约热内卢海湾，随后转向南行驶。

麦哲伦航海路线图。麦哲伦海峡蜿蜒曲折，风大浪急，航行困难，是沟通南大西洋和南太平洋的重要通道。

1520年6月，麦哲伦带领船队继续南下，10月份终于发现了他梦寐以求的南美大陆最南端的海峡通道，后来，这个海峡就被称为"麦哲伦海峡"。1521年3月6日，麦哲伦到达了马里亚纳群岛，在其中的关岛登陆，补充新鲜食物。这里离香料群岛已经不远了，但麦哲伦并没有直接开往香料群岛，而是到达了今天菲律宾群岛的宿务岛。当时西班牙国王规定，船队如能扩大王室版图，效力者将有重赏，因此富庶的宿务岛引起了麦哲伦的极大兴趣，他决心把这个异国的岛屿变成西班牙的殖民地。

在宿务岛，麦哲伦对当地的统治者与手下的人进行威胁利诱，软硬兼施，企图让其成为西班牙忠实的基督教徒。但就在这时，麦哲伦介入了当地土著的内讧，战斗打响了，岛上的居民用标枪、利箭向来犯者投来。麦哲伦一行寡不敌众，节节败退。

1527年4月27日，麦哲伦在一次战斗中被杀身亡。虽然他成为人类近代殖民主义的开路先锋，但却在企图奴役菲律宾人民的战斗中受到了应有的惩罚。麦哲伦被杀害后，他的船队继续西航，回到西班牙，完成了第一次环球航行。当时船上只剩下18个人，因为他们已经极度疲劳衰弱，所以面目憔悴，亲戚朋友都认不出他们了。

虽然麦哲伦没有亲自完成环球远航，但他带领探险队员们进行了一次伟大的从东向西跨太平洋的航行，证明了大地球形理论的正确，向世人展现了地球真实的地理构成，使欧洲的知识阶层从古典学者的绝对权威中解放了出来。

"强盗岛"

1521年3月，麦哲伦的船队到达三个有居民的海岛，岛上土著人皮肤黝黑，身材高大，他们赤身露体，却戴着棕榈叶编成的帽子。热心的岛民们给他们送来粮食、水果和蔬菜。惊奇之余，船员们对居民们的热情感到由衷的感激。由于居民们从未见到过如此壮观的船队，对船上所有的东西都充满好奇感，于是从船上搬走了一些物品。船员们发觉后，便大声叫嚷起来，把他们当做强盗，还把这个岛屿改名为"强盗岛"。

马丁·路德

Martin Luther 宗教改革家

马丁·路德是著名的文学家，16世纪德国宗教改革运动的发起者。他提出了许多反对天主教会的新观点，被公认为新教路德宗的奠基人，并因此著称于世。

🌿 马丁·路德与其他拥护宗教改革的人在一起，神情严肃。

马丁·路德的宗教改革在德国历史上占据着重要的地位，是资产阶级革命的早期形式。宗教改革运动带来的最明显的结果是建立了各种不同的新教教派，同时也引发了在欧洲广泛进行的宗教战争。

马丁·路德，1483年11月10日出生于德国埃斯莱本一个质朴而贫穷的农民家庭。他的父母都是虔诚的基督教徒，在父母严格的宗教教育下，路德接受了传统的基督教教义。1501年，路德进入莱比锡大学读书，第二年便以优异的成绩获得文学学士学位。1505年，路德又获硕士学位，大学毕业后进入爱尔福特大学法学院学习法律。

1505年7月17日，就在路德进入爱尔福特大学的两个月后，他突然弃绝尘世，遁入爱尔福特奥古斯丁修会的修道院做了一名修士，从此开始了他的宗教生涯。在修道院里，路德以非凡的虔诚、坚忍的毅力隐修"事功"。两年后，他被授予神甫一职，以后又出任过多种职务。

1511年，路德因公赴罗马，这座圣城的豪华和腐败使他震惊。1512年10月12日，路德从维登堡大学获得神学博士学位，并被任命为维登堡修道院副院长及维登堡大学神学教授。1515年，又被升任为图林吉亚地区11所修道院中的区监督。在这段时间里，路德深入研究圣经，努力研读神学、哲学等经典理论，有意识地转向人文主义思想，并逐步确立了其"因信教义"的宗教学说。

1517 年，教皇借口修建罗马圣彼得大教堂，派特使到德国销售赎罪券。这引起路德极大愤慨，他于 10 月 30 日在维登堡大教堂门口贴出《关于赎罪券效能的辩论》（即《九十五条论纲》），深刻批判了罗马教会的贪污腐化，这使他一时成了德国全民族的代言人。

1520 年是路德的多产之年。这年他出版的书籍文章共 133 册，尤以被称为宗教改革三大论著的《致德意志贵族公开书》《教会被囚于巴比伦》和《基督徒的自由》最为著名。

从左至右：菲利普·米兰芬、马丁·路德、约翰·布根哈根和卡司帕·克鲁兹格，这四个伟大的新教理论家正在为路德的圣经做翻译工作。

1521 年 4 月，路德出席了在沃尔姆斯召开的帝国会议。这次会议是教廷为给路德定罪，唆使德皇查理五世召开的。在帝国会议上，路德据理力争，毫不退让。他郑重宣称："我坚持己见，决无反悔！"这充分表达了当时德意志人民要求摆脱罗马教廷控制的强烈愿望和坚定信心。会后，查理五世颁布法令，宣布路德为不受法律保护的人，"你们不许给路德住处，不许给他房子，不许给他吃，不许给他喝，不许收留他，无论偷偷地或公开地都不许替他讲话，否则必予严惩。"因此，路德不得不隐姓埋名，隐居于瓦特堡。在此期间，路德基本脱离了当时社会的政治斗争以及从事组建新教会的理论和实践。1543 年，路德翻译的德文圣经问世。

1546 年，路德不顾亲友劝阻，赴曼斯菲尔德解决教派纠纷。由于他年迈多病，加之气候寒冷，于同年 2 月 18 日病逝于出生地埃斯莱本。路德并非完人，但他的宗教改革在德国历史上有着十分重要的影响。自从宗教改革运动之后，许多国家都接受了宗教思想自由的原则。

"大公会议也有错"

1518 年的一天，教宗良第十召马丁·路德去罗马答辩，可是马丁·路德拒绝了。良第十不愿把事端扩大或闹成僵局，于是命令一位当时最有权威的神学家迦耶坦枢机去劝说马丁·路德。迦耶坦枢机对路德很友善，但是他强烈要求路德放弃不当的言词。最终，路德不但没放弃自己的言论，还要求召开大公会议以裁判他的言论，他甚至肯定地说："大公会议也有错！"

伊丽莎白一世

Elizabeth I of England

日不落帝国的舰长

伊丽莎白一世是英国历史上著名的女王，被誉为一代英主。在她长达 45 年的统治时期里，英国由一个弱小的国家发展为最主要的列强国，国力达到了极盛的黄金时代。同时，她的治国才能得到了各国君主的称道。

伊丽莎白一世的统治期在英国历史上被称为"伊丽莎白时期"，亦称"黄金时代"。教皇西克斯图斯曾这样评价："她是一位妇女，是半个岛屿的主人，然而她使得西班牙、法兰西、神圣罗马帝国和一切国家都惧怕她。"

1533 年 9 月 7 日，伊丽莎白·都铎诞生在泰晤士河畔格林威治附近的王宫，母亲波琳是亨利八世的第二任妻子。1534 年，伊丽莎白被宣布为王位继承人。然而好景不长，在伊丽莎白年仅 3 岁时，波琳因不贞罪被亨利八世处死，伊丽莎白也被宣布为私生女，失去了王位继承权。波琳死后，亨利八世再娶，生下太子爱德华。直到 11 岁时，因爱德华身体虚弱，才恢复了伊丽莎白的公主身份。1547 年，亨利八世逝世，他在遗嘱中规定：爱德华如无嗣，则由他与凯瑟琳生的玛丽继位，玛丽若无嗣则由伊丽莎白继位。

爱德华继位后，由国舅西摩摄政，继续推行亨利八世的宗教改革。然而，6 年以后，爱德华便早亡，玛丽·都铎按照遗嘱继承了王位。玛丽·都铎是一个狂热的天主教徒，在她统治期间，新教教徒遭到迫害，约有 300 多人惨死在她的手下，一时被人们称为"血腥玛丽"。玛丽对信奉新教的伊丽莎白也心怀嫉恨，她根据反叛的新教贵族的诬告，将伊丽莎白囚禁在伦敦塔，后又软禁在西部七八十千米外的一座王宫内。2 年后，

✿ 年轻时的伊丽莎白一世

伊丽莎白一世于1558年11月17日至1603年3月24日任英格兰王国和爱尔兰女王，是都铎王朝的第五位也是最后一位君主。她终身未嫁，因此被称为"童贞女王"。伊丽莎白一世即位时英格兰处于内部因宗教分裂的混乱状态，但她不但成功地保持了英格兰的统一，而且在经过近半个世纪的统治后，使英格兰成为欧洲最强大、富有的国家之一。

虽然解除了软禁，但伊丽莎白又被送往乡村，在那里，她度过了一段田园生活。

1558年，玛丽逝世，25岁的伊丽莎白继位。年轻的女王受命于危难之际，她是在内外交困的形势下继承王位的。为了博得人民的爱戴，伊丽莎白即位后的第一件事就是恢复亨利八世的宗教改革，以缓解国内宗教危机；另一方面，伊丽莎白还修改了爱德华时期的公共祈祷书，使之也能为天主教徒所接受；同时，她对英国的清教徒也加以限制，并力图避免不同教派间的教义争论。这种中庸温和的宗教政策在一定时期内有利于稳定国内形势。1559年，第一届国会通过《至尊法令》，宣布女王为英国所有教会和僧侣团体的最高领导，一切神甫和官吏都必须宣誓效忠女王并不得服从国外天主教势力。这就确立了国教的统治地位，沉重打击了国外天主教势力。

1588年7月，西班牙派出100多艘舰船的"无敌舰队"远征英国。55岁的伊丽莎白亲自到军营巡视并发表演说，鼓舞士气，结果"无敌舰队"大败而归。这一战役的胜利，对英国产生了决定性的影响。从此，英国取代了西班牙海上霸权的地位，开始了大规模的海外扩张。伊丽莎白时代达到鼎盛时期。

伊丽莎白统治的最后10年，国内矛盾渐趋尖锐。下层社会的动荡、资产阶级的不满以及不断发生的宫廷倾轧，使伊丽莎白晚年变得忧郁、孤僻、多疑，身体也渐渐衰弱。1603年3月24日凌晨，伊丽莎白女王逝世，终年70岁。

文化的黄金发展期

伊丽莎白时期是英国文化发展的一个重要时期。文学，尤其是诗歌和话剧进入了一个黄金时代。英国对其他大陆的考察，尤其是对美洲的考察进入了一个新的阶段。伊丽莎白和父亲一样，也从事写作和翻译，她亲自翻译了霍勒斯的《诗歌艺术》。她生前的一些演说和翻译作品一直流传至今。

培 根

Francis Bacon **现代实验科学的始祖**

> 培根是文艺复兴晚期出现的一位英国哲学家、文学家,他为促进人类的科学进步作出了积极的贡献。马克思曾给予培根很高的评价,称他为"英国唯物主义和整个现代实验科学的真正始祖"。

培根是科学的鼓动家、未来科学时代的预言家。著名科学史家迪克斯特说:"培根在近代科学史上的作用同希腊瘸腿诗人第泰尔斯相似,虽然自己不能打仗,但他的诗篇却鼓舞了士兵英勇作战。"

培根于 1561 年 1 月 22 日出生于英格兰一个新贵族家族。父亲是伊丽莎白女王的掌玺大臣,母亲是位男爵的女儿,很有学问。父亲在宫廷中的高位和家庭中浓厚的学术气氛,无疑促进了培根的成长。

1573 年,12 岁的培根进入剑桥大学读书。在校期间,他如饥似渴地博览群书,吸取科学知识,下定决心要以自己的努力,来改善人类的处境。他的这一理想随着他的成才而越来越坚定,以至于后来成为宏伟的志向。

1576 年,大学毕业的培根获得了一次赴法考察的机会,并作为英国驻法大使的随员到法国。这次法国之行使培根学到了很多自然科学知识,受益匪浅。1579 年,家里传来了父亲去世的消息,培根从法国回国奔丧,从此经济拮据,他靠借债完成了自

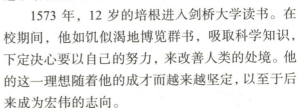

培根竭力倡导"读史使人明智,读诗使人聪慧,数学使人精密,哲理使人深刻,伦理学使人有修养,逻辑修辞使人善辩"。他推崇科学、发展科学的进步思想和崇尚知识的进步口号,一直推动着社会的进步。

己的法律学业，于 1582 年成为一名律师。1584 年，培根进入议院，受到伊丽莎白女王的重用，1596 年，他被聘为女王的特别法律顾问。尽管在法律界不乏晋升机会，但培根却因在政治上触怒了伊丽莎白女王而受到冷遇。

在这种情况下，培根开始沉浸于学习与思考中，完成他的一批研究成果。1597 年，他出版了著名的《论说文集》。《论说文集》前后三个版本，内容非常丰富，详细地记载了培根思想的产生、形成和发展过程。这本书虽然称不上是宏篇巨著，但却是培根用心血凝练而成的结晶，是他生活经验的积累。

1603 年，英国女王伊丽莎白去世，詹姆士一世登基，培根开始青云直上，不久便与一位高级市政官的女儿结了婚，曾任掌玺大臣，升大法官，授子爵，还担任过英国国务大臣等要职。

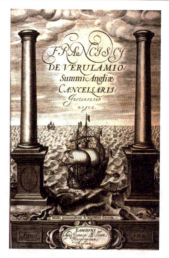

弗朗西斯·培根的著作《伟大的复兴》书影

就在培根的仕途达到巅峰的时候，在一次申诉委员会上，他却被人指控受贿，最后被上议院处以罚款、监禁并免除一切职务的惩罚，他的政治生涯也因此告终。尽管如此，培根并没有失去勇气，他开始从事学术著述。他的晚年工作远比他身居高位时所做的事情更有价值，撰写了两本《论风》，于 1622 年发表。他晚年对此颇有感叹："我是把才能误用在自己最不适宜的事物之上了。"

培根运用他的文学才能为国王提供了一套法规汇编，强调学校应传授百科全书式的知识，对教育改革提出了自己的意见。晚年的培根身处逆境，令他最伤心的莫过于失去恩宠。1626 年，培根在一次冷冻防腐的科学实验中因受风寒而在阿伦德尔伯爵的寓所里去世，享年 65 岁。

虽然培根一生中的大部分时间在担当政治家的角色，但他的主要贡献还在于哲学和科学研究上。在哲学方面，培根开创了以认识论研究为中心的新时代。在科学方面，他把科学知识提高到前所未有的地位，提出"知识就是力量"的著名口号。这对当时的认识原则和方法都是一场革命，也为后来科学的迅速发展奠定了思想基础。

☀ 眼镜原型的发明

培根想发明一种工具来帮助人们提高视力，可是做了很多实验都没成功。一天雨后，培根在花园散步时看到蜘蛛网上沾了不少雨珠，他发现透过雨珠看树叶，叶脉被放大了。他立即找了一颗玻璃球，但透过玻璃球看书上的文字还是模糊不清。于是，他将玻璃球割出一块，然后靠近书一看，文字果然被放大了。后来他又找来一块木片，挖出一个圆洞，将玻璃球片装上去，再安上一根柄，这样人们阅读写字就方便多了。这种镜片经过不断改进，成为人们现在戴的眼镜。

莎士比亚

William Shakespeare 戏剧之王

莎士比亚是欧洲文艺复兴时期最重要的作家,英国卓越的戏剧家和诗人,也是迄今为止人类最伟大的戏剧大师。他的戏剧大大丰富了人类的文学宝库,是人类文化史上一份极为宝贵的遗产。

莎士比亚,一个我们耳熟能详的名字。他用丰富生动而又充满个性的语言,为人们展现出一幅幅充满悲欢离合的动态画卷。莎士比亚的戏剧大大丰富了人类的文学宝库,是人类文化史上一份极为宝贵的遗产。正如法国大文豪雨果所说:"这种天才的降临,使得艺术、科学、哲学或者整个社会焕然一新。"

🌾 莎士比亚是迄今为止人类最伟大的戏剧大师,对世界戏剧的发展影响深远。

1564 年 4 月 23 日,莎士比亚出生在英国中部沃里克郡斯特拉福镇一个富商家庭。7 岁时进入斯特拉福文学学校,学习古典文学、修辞学、拉丁语和法语等。14 岁时,由于家道中落,莎士比亚辍学回家,协助父亲料理生意。

1582 年,18 岁的莎士比亚与比他大 8 岁的安·赫瑟维结了婚。婚后育有 3 个孩子。1586 年,22 岁的莎士比亚只身离开斯特拉福前往伦敦。当时的伦敦正处于女王伊丽莎白一世统治的鼎盛时期,政治上相对安定,民族文化(尤其是戏剧艺术)开始走向繁荣,很快就有了一批正式的剧院。这一时期,莎士比亚对戏剧产生了浓厚的兴趣,开始在剧院打杂,后来当了跑龙套的演员,逐渐又扮演了一些重要角色,并担任了导演。

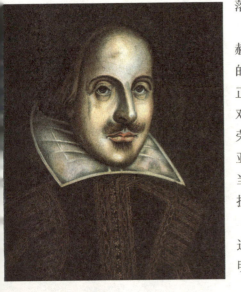

1588 年前后,莎士比亚开始进行戏剧创作。由于这时英国正处于昌盛时期,所以莎士比亚的作品基调明朗、激昂,充满了乐观情绪。从 1588~1600 年,莎士比亚共完成了10多部历史剧和喜剧、两首长诗和150首十四行诗，其中，历史剧主要有《亨利六世》《理查三世》《理查二世》《亨利四世》《亨利五世》《约翰王》等9部。

除了历史剧，莎士比亚这一时期还创作了一批成就很高的喜剧：《无事生非》《驯悍记》《仲夏夜之梦》《威尼斯商人》《温莎的风流娘儿们》《皆大欢喜》《第十二夜》等。其中《威尼斯商人》《无事生非》《皆大欢喜》《第十二夜》被称为莎士比亚的四大喜剧。这些作品描写纯洁的爱情，嘲讽了封建伦理观念和教会禁欲主义。

16世纪末期，英国社会的阶级矛盾开始尖锐化，封建王朝与资产阶级的关系变得越来越紧张，人民生活状况不断恶化，整个社会动荡不安。从这之后，莎士比亚的剧作充满了沉郁、晦暗的气氛。这一时期，他创作了7部悲剧和3部喜剧，其中，《哈姆雷特》《奥塞罗》《李尔王》和《麦克白》被称为莎士比亚的四大悲剧。

1609年后，莎士比亚的创作风格发生了很大的转变，主要以传奇剧和神话剧为主。1609~1612年，他创作了《辛白林》《冬天的故事》和《暴风雨》等传奇剧，其中《暴风雨》是莎士比亚传奇剧中的代表作。

历史剧《亨利八世》是莎士比亚的最后一本剧本。《亨利八世》演出时，一场大火烧毁了剧场，从此，他再也没有写过一部剧本。

1613年，49岁的莎士比亚离开伦敦剧院，回到了斯特拉福镇。1616年初，由于朋友聚会饮酒而得了热病，4月23日，这位戏剧之王与世长辞，享年52岁。

莎士比亚名作《无事生非》于1598年首次上演。右图为第二章第四幕情景：值班的治安官道格伯利看着他的书记员写下给康拉德和波拉契奥的回信。

巧取硬币

一次宴会上，有位商人想戏弄莎士比亚，于是让仆人提来半桶葡萄酒，并在酒面上平放了一枚硬币。他让莎士比亚在不向桶内吹气，不向桶里扔石头之类的物体，不用东西拨弄硬币，不左右摇晃酒桶的前提下从桶口边把硬币取到手。莎士比亚受到侍者倒酒的启发，于是叫人再去拿来半桶酒，顺着先前的酒桶桶壁往里倒酒。等桶里的酒满后，硬币就随着溢出的酒流了出来，莎士比亚伸手便把硬币接到了手中。莎士比亚赢得了客人们的掌声，商人则悻悻地离开了。

伽利略

Galileo Galilei 近代科学实验方法之父

伽利略是意大利伟大的物理学家、天文学家。他的一生经历了很多坎坷，但是任何困难都不能改变他对科学执著的态度。伽利略凭借自己越挫越勇的性格和严谨务实的科学态度，给后世留下了一笔宝贵的精神财富。

伽利略是第一个坚持科学实验的必要性的人，他拒绝那种认为科学问题可以由可信赖的权威决定的观念以及那种没有坚实实验基础的复杂演绎体系。爱因斯坦评论说："伽利略的发现以及他所用的科学推理方法，是人类思想史上最伟大的成就之一，而且标志着物理学的真正开端。"

伽利略一生的研究领域非常广，并且在其涉猎的每个领域中都有建树。他通过对运动进行科学分类，总结出落体定律和惯性定律原理，成为经典力学的开创者。他用自制的望远镜观察天体，对天文学作出了巨大贡献。此外，伽利略在热学、磁学、光学等方面，也取得了不俗的研究成果。

1564 年 2 月 15 日，伽利略出生在比萨城里一个衰落的望族家庭中。父亲是一位非常出色的音乐家和数学家，在意大利颇有名望。由于受父亲的影响，伽利略从小就爱好机械和数学，显示出良好的从事科学研究的天赋。

1581 年，17 岁的伽利略考入比萨大学医学院。19岁那年，由于听了数学家利奇的讲课，伽利略认真地读起欧几里得和阿基米德的著作，尤其对有"科学实验的创始者"之称的阿基米德的著作着迷。随着教育程度的不断提高，他的兴趣也逐渐从医学转向了数学和科学。

1583 年，因无钱支付学费，伽利略被迫离开了学

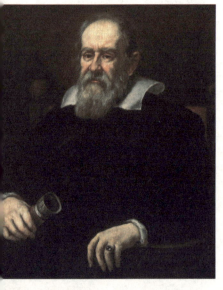

1609 年，伽利略制造出天文望远镜（后被称为伽利略望远镜），并用来观测天体。他发现月球表面凹凸不平，并亲手绘制了第一幅月面图。

校。也正是在这一段时间里，他培养了对自然科学终生的兴趣。1586 年，伽利略写出了第一篇研究论文《小天平》，1588 年又写出了《固体内的重心》，并提交给佛罗伦萨的学士院。这篇论文得到了承认，朋友们都称他为"新时代的阿基米德"。1589 年，伽利略获得了数学教授的职位。

1591 年，伽利略做了著名的"两个铁球同时着地"的实验，并对此提出了自己的看法：所有物体不论重量如何，从同一高度落下的速度是相同的。尽管这个实验取得了很大的成功，但还是遭到了很多老学者的诋毁。之后，他转到帕多瓦大学执教，潜心于学术和实验。

1610 年，伽利略回到了佛罗伦萨，继续从事他的物理学和天文学研究。由于望远镜的发明及由此而作出的一系列发现，伽利略闻名遐迩，但同时由于他公开支持哥白尼的日心说而遭到教会势力的反对。

1624 年，乌尔班八世当上教皇，他是伽利略的崇拜者。第二年，新教皇暗示对伽利略的禁令已经无效。1632 年，伽利略在佛罗伦萨出版了《关于两大世界体系的对话》一书，该书内容新颖，形式活泼，语言通俗，很快在市民之间流传开来，使哥白尼的学说传播得更为广泛。

1632 年 8 月，此书被教会下令禁止销售，伽利略很快就受到罗马宗教审判所的审判，并于 1633 年 6 月被判处终生监禁。被监禁后，伽利略继续从事早期的力学研究，于 1637 年写出了《关于两种新科学的对话》，并在荷兰出版。

1642 年 1 月 8 日，伽利略在罗马教廷的迫害下含冤而死，成为科学界一大损失。

1979 年，罗马教廷在一次公开集会上承认伽利略被教廷"错误定罪"。300 多年前的冤案终于昭雪。

勇于质疑老师的学生

伽利略非常喜欢提问，有一次上课，教授讲胚胎学时说："父亲身体强壮，母亲就生男孩；父亲身体衰弱，母亲就生女孩。"话音刚落，伽利略便举手提问。教授很不高兴，让他认真听课，不要总是提问。可伽利略还是把自己的疑问讲了出来。稍后，教授搬出理论根据，想压服他。伽利略却语气坚定地说："科学一定要与事实符合，否则就不是真正的科学。"教授十分尴尬，一时下不了台。后来，伽利略受到了学校的批评，但是，他好学善问、追求真理的精神却丝毫没有改变。

图为伽利略向缪斯展示自己的望远镜，并指出太阳系，木星和它的卫星以及金星、土星的本性。

开普勒
Johannes Kepler 天上的立法者

开普勒,德国近代著名的天文学家、数学家、物理学家和哲学家。他以数学的和谐性探索宇宙,在天文学方面作出了巨大的贡献。开普勒是继哥白尼之后第一个站出来捍卫太阳中心说并在天文学方面有突破性成就的人物,被后世的科学史家称为"天上的立法者"。

开 普勒是近代自然科学的开创者之一,在科学与神权的斗争中,他坚定地站在了科学的一边,推动了唯物主义世界观的发展,使人类科学向前跨进了一大步,马克思也称他是自己所喜爱的英雄。

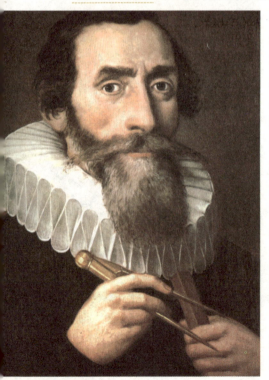

🌀 开普勒画像

1571 年 12 月 27 日,约翰内斯·开普勒出生在德国南部魏尔镇一个没落的贵族家庭,母亲是一家旅馆主的女儿,父亲则是一个性格乖戾的酒徒。1574 年,不幸落在了年仅 3 岁的小开普勒身上——天花不仅在他脸上留下了无法抹去的烙印,同时也严重地影响了他的视力。然而,就是这样一位身体残疾的孩子,却在贫困与备受歧视的生活中顽强地追求着自己的理想。16 岁时,开普勒以优异的成绩获得了奖学金,从而成为著名的图宾根大学的学生。进入大学后,开普勒将兴趣转向了天文学。1594 年,在恩师的举荐下,开普勒来到奥地利格拉茨大学担任天文学教师,从此与神秘的宇宙结下了不解之缘。

早在约公元前 500 年,古希腊的毕达哥拉斯学派便认为整个宇宙是一个由比例关系决定的和谐的整体,而开普勒正是毕达哥拉斯学派的追随者。通过对当时所发现的六颗行星（土星、木星、火星、地球、金星、水星）的轨道半径（8：15：20：30：115：195）比例的观察，开普勒惊喜地发现，用五种正多面体正好可以表示出这六大行星的轨道半径。

1596 年，开普勒将这些发现发表在了他的第一本重要著作《宇宙的神秘》一书中。虽然他所得出的行星运动的结果与当时的观测数据相吻合，但这其实只是一种巧合。当更多的行星被发现后，开普勒的正多面体图形便不再适用了，然而，当时的开普勒却深受鼓舞。

1600 年，开普勒来到第谷身边，一起开始了天文学史上一段最富有启发性的合作。在第谷身边，开普勒接触到了许多丰富而又精确的观测资料，并逐渐发现自己所构造出的宇宙体系存在着许多漏洞，于是，开始重新寻找他的宇宙秩序。

1601 年，第谷在布拉格去世了，开普勒继任成为了鲁道夫二世的宫廷数学家。这时，他开始利用第谷留下的观测数据重新计算六大行星的运行轨道，经过 4 年多的整理与试探，开普勒终于找到了行星的轨道形状——确认其为椭圆形。从此，在天文学历史上持续了几千年的圆运动的学说宣告结束。之后几年，著名的开普勒行星运动三大定律也陆续诞生：①所有行星的轨道都是椭圆的；②由行星到太阳连一条线（物理学上称"矢径"），这条线在相同的时间扫过的面积相等；③所有行星轨道的半长轴的三次方与公转周期的二次方的比值都相等。（用公式表示为：$R^3/T^2 = K$）

1630 年，59 岁的开普勒因为生活困苦，不得不前往雷根斯堡索要被拖欠了 20 多年的薪水，但这位为天空立法的巨人却因伤寒而逝于途中。

开普勒虽然在落魄中离开了人世，然而，他那具有无限生命力的精神光彩，却永远伴随着人们，并为照亮后人前进的道路而放射出永久的光芒。

开普勒模型

"我的目标是一千颗星"

1601 年的一个傍晚，病危的第谷对开普勒说："我一生以观察星辰为工作，我的目标是一千颗星，可是我现在只观察到七百五十颗星。我把所有底稿都交给你，你一定要把我的观察结果出版出来。"第谷去世后，开普勒开始辛勤的观测工作。然而，他对老师遗留底稿的继承引起了第谷亲戚们的妒忌。不久，他们合伙将底稿全部收回。不过开普勒并没有屈服，他日夜牢记老师的托付。20 多年后，他终于观测到了一千颗星，实现了老师的遗愿。

克伦威尔

Oliver Cromwell **资产阶级革命家**

奥利弗·克伦威尔,英国乃至世界近代史上一位杰出的政治家、军事家、宗教领袖。他是 17 世纪英国资产阶级革命的先驱者,也是英国清教徒革命的首脑人物、议会军的指挥官。他领导议会军赢得了英国内战的胜利,是英国议会民主制的奠基人。

🌿 虽然英国只是个岛国,但民主政体正是从这个岛国涌向了世界各地,而这一切,无不烙印着克伦威尔努力奋斗的痕迹。

提起英国的资产阶级革命,就不能不重温克伦威尔辉煌的革命生涯。克伦威尔是一位杰出的军事将领,他最主要的贡献是在英国内战中击溃了保皇党人的力量。可以毫不夸张地说,如果没有他,在英国内战中,议会军最终的胜利就不可能到来。这一胜利的结果,是民主政府在英国的确立和加强。

1599 年,奥利弗·克伦威尔出生于英国东部亨丁顿郡一个贵族家庭。父亲是一位虔诚的清教徒,曾任亨丁顿议会议员、郡治安法官等职。克伦威尔就是在这样一个享有封建特权的乡绅世家中长大的。

1616 年,克伦威尔进入剑桥大学攻读法律和历史,并在这里受到了大主教洛德清教思想的影响。1617 年,由于父亲突然去世,克伦威尔不得不放弃在剑桥大学的学习而返回家乡。两年后,克伦威尔再度离开家乡,来到英国的政治、经济、文化中心——伦敦,学习法律。在这期间,克伦威尔的思想日趋成熟,志向渐渐转向政治方面,为日后当选议会议员和郡治安法官准备了条件。

1628 年,克伦威尔当选为亨丁顿议员,开始登上政治舞台。但是第二年,查理一世就决定解散议会,实行独裁专治,直到 1640 年在对苏格兰

■ 1645 年 6 月 14 日，由克伦威尔和法尔法克斯领导的议会军在内兹比战役中战胜保皇军，取得英国内战的关键性胜利。

人作战需要资金的情况下，才召集了一个新议会，克伦威尔再次当选为议员。1642 年 8 月，克伦威尔在英格兰中部竖起战旗，开始讨伐议会，英国内战爆发了。

在历时 4 年的内战中，克伦威尔战功卓著。他招募了一支主要由自耕农组成的上千人的轻骑兵，号称"铁骑军"。"铁骑军"击败国王军，扭转了议会派初时失利的局面。1645 年 1 月，议会又授权他建立一支 2 万多人的"新模范军"，6 月，这支军队在纳斯比战役中一举摧毁了国王军的主力，议会军取得了内战的首次胜利。

然而和平并没有到来，1647 年，查理一世潜逃，并重新纠集王党军队，再次挑起内战，第二次内战爆发。1648 年 8 月，克伦威尔率兵击溃苏格兰军队，9 月，占领苏格兰军队首都爱丁堡，取得了第二次内战的胜利。次年，查理一世被送上了断头台，英国宣布为共和国。

克伦威尔在稳定了国内局势后，于 1649 年 9 月率军侵入爱尔兰，镇压当地民族起义。之后，又北上苏格兰，彻底消灭了查理一世儿子率领的军队，为 3 年后苏格兰与英格兰的合并做好了准备。

为了争夺殖民地，克伦威尔凭借强大的军事力量，于 1652～1654 年对荷兰发动战争，迫使荷兰接受《航海条例》。1654 年，又取得在葡萄牙殖民地通商的特权，从西班牙手中夺取了奴隶贸易中心牙买加和敦刻尔克。

1658 年，克伦威尔的身体状况急剧恶化，同年 9 月 3 日，在伦敦病逝，时年 59 岁。同年 11 月 23 日，克伦威尔被葬于威斯敏斯特大教堂。而他所期望的君主立宪制，直到 1688 年才得以实现。

■ "另类"的新议员

1628 年，在英国议会下院，一位 30 岁左右的新议员的到来，引起了议员们的注意。他身材不高，红脸膛，穿着一身裁剪得极不合身的粗毛衣服，说起话来不讲究辞令，带有浓重的土音。同那些穿着入时、谈吐文雅的议员站在一起，显得十分土气和寒酸。但是，他对查理一世反动统治的抨击，却引起了大家的注意。他就是日后英国资产阶级革命的领导者——奥利弗·克伦威尔。

牛 顿
Isaac Newton **科学巨人**

牛顿，17世纪英国伟大的数学家、物理学家、天文学家和自然哲学家，他把自己的整个生命和毕生精力都献给了科学事业。牛顿的科学成就不胜枚举，既为我们今天的科学研究奠定了基础，也为他在科学史上赢得了崇高的地位。

曾有人说过这样的话："中世纪的一千多年来，自然界和自然规律都隐藏在黑暗中。上帝说：'让牛顿出生吧！'于是一切都变成光明的了。"毫无疑问，牛顿为人类进步所作的贡献具有里程碑的意义。

牛顿把自己的一生全部用来探索自然。图为牛顿画像。

1643年1月4日，牛顿出生在英国北部的一个小村镇。他是一个遗腹子，父亲在他出世前就去世了，母亲在他3岁时改嫁了，牛顿就与年迈的外祖母过着贫困孤苦的生活。幼年的牛顿对学习毫无兴趣，成绩也很一般，但他却特别喜爱手工，制作了不少风车、风筝等精巧的器械。9岁时，牛顿做了一个测量时间的仪器——日晷，天赋初显。12岁时，在舅舅的安排下，牛顿开始在镇上的格兰瑟姆的中学上学。但在学校里，他经常受到大同学的欺辱，这使他意识到自己之所以受人侮辱，很大原因就是在学习上不如别人。此后，牛顿开始用心钻研功课，且进步飞速，令老师和同学们都惊讶不已。

正当牛顿准备在求知的道路上吸收更多的东西时，继父去世，迫于生活，母亲不得不让牛顿回到家中料理农庄。

牛顿一边帮助母亲耕种，一边仍然勤奋地学习，抽空就躲在树下聚精会神地读书。他这种好学的精神感动了舅舅，于是劝服母亲让牛顿复学。复学后的牛顿特别珍惜这来之不易的机会，更加勤奋地学习，一年后，他以优异的成绩进入剑桥大学三一学院深造。

在剑桥大学，牛顿开始接触到大量自然科学著作，经常参加学院举办的各类讲座，包括地理、物理、天文和数学。牛顿的第一任教授伊萨克·巴罗是个博学多才的学者。这位学者独具慧眼，看出了牛顿具有深邃的观察力、敏锐的理解力，于是将自己的数学知识全部传授给了牛顿，并把牛顿引向了近代自然科学的研究领域。在即将大学毕业时，牛顿研究出了二项式定理，取得了一生中的第一个重要成果。

1665 年，牛顿大学毕业时，由于成绩突出，被继续留在剑桥攻读。同年，英国爆发了可怕的鼠疫，大学停课，牛顿返回故乡住了两年。在这两年中，牛顿建立了微积分、光学理论、万有引力定律、三大运动定律等伟大的成就。

1667 年，鼠疫风波平息，牛顿返回剑桥。1669 年，巴罗教授辞职，推荐牛顿继承他的位置，此后，牛顿在剑桥工作了 20 多年。

1704 年，牛顿被推举为皇家学会的会长。这一时期，他整理出版了《光学》《三次曲线枚举》《微积分》等数学和光学著作。

1727 年 3 月 20 日，85 岁的牛顿在睡梦中安然逝世，由于他对国家贡献卓著，被葬于威斯敏斯特教堂的公墓里。他是英国历史上第一个获得国葬的自然科学家。

牛顿一生未婚，他把自己的一生全部用来探索自然。他的《光学》和《自然哲学的数学原理》两部巨著，成为科学史上永放光彩的两座丰碑。可以说，牛顿奉献给人类的，是从真理海洋中捞取的一粒珍珠。牛顿在科学史上的地位是举世公认的，他的理论每时每刻都对科学的发展和人类思想的进步产生着深刻的影响。

此图为牛顿的棱镜实验，向人们展示了阳光如何被分散成彩色光。

牛顿的《自然哲学的数学原理》无论从科学史还是整个人类文明史来看都是一部划时代的巨著。

"另类"的新议员

1628 年，在英国议会下院，一位 30 岁左右的新议员的到来，引起了议员们的注意。他身材不高，红脸膛，穿着一身裁剪得极不合身的粗毛衣服，说起话来不讲究辞令，带有浓重的土音。同那些穿着入时、谈吐文雅的议员站在一起，显得十分土气和寒酸。但是，他对查理一世反动统治的抨击，却引起了大家的注意。他就是日后英国资产阶级革命的领导者——奥利弗·克伦威尔。

彼得一世
Peter The Great 俄罗斯帝国的奠基人

彼得·罗曼诺夫，俄国罗曼诺夫王朝的第四代沙皇，俄罗斯帝国的最初开拓者，史称"彼得大帝"，他是俄国历史上叱咤风云的沙皇。正如马克思所说："彼得大帝确定无疑地是现代俄国政策的创立者。"因此，他值得我们永远记忆。

彼得一世一生致力于俄国的改革和发展，是一位杰出的外事活动家。经过他的外交努力，俄国在波罗的海的局势影响不断扩大。彼得一世确立了近代俄国的发展方向：他向欧洲学习，使俄国跻身到了欧洲最重要的国家行列；他的改革大刀阔斧，取得了重大成就，使俄国的社会经济等方面取得了长足的发展。

对于俄国首都莫斯科来说，1672 年 5 月 30 日是个非同寻常的日子，就是在这一天，人们迎来了罗曼诺夫王朝的第四代沙皇——彼得的出世。

彼得还不满 4 周岁的时候，他的父亲沙皇阿列克谢就因病猝然去世。1676 年，异母哥哥费多尔继承了皇位，但在 20 岁时也因病去世了。之后，彼得和异母哥哥伊凡兄弟俩同当沙皇，但是异母姐姐索菲娅想方设法把握了宫廷实权，并开始摄政。

索菲娅摄政期间，彼得和母亲娜塔丽娅被迫迁居到莫斯科郊外的一个村子里。彼得生性豪爽、兴趣广泛，尤其喜欢军事游戏。他组织了两个童子军团，除了训练童子军团外，还经常与外国侨民交往，向他们学习航海、军事、数学等方面的知识。这些经历使

❧ 彼得大帝曾乔装打扮成船上木匠的学徒，以便能隐姓埋名地学习造船术。

彼得得以接触到西方文化，并深受其影响。

1689年1月，索菲娅发动宫廷政变，企图自立为皇。彼得率领童子军团击溃近卫军，镇压了政变，并把索菲娅监禁在修道院。夺回政权之后，彼得便把国事交给母亲掌管，自己仍然操练童子军团，并从事他所喜好的造船和航海。1694年，母亲娜塔丽娅去世，彼得才开始亲政。

彼得亲政后，开始大刀阔斧地进行改革，以期使俄国早日跻身于世界强国。1695年1月，为了打开通向南部海域的道路，彼得亲自率领3万俄军进攻奥斯曼帝国，但由于军事装备落后，第一次进攻以失败告终。1696年5月，彼得向南发动第二次进攻，

🌸 彼得一世执政后进行了一系列改革。图为他亲手剪下贵族的胡须。

从陆、海两路同时围剿，这次奥斯曼帝国战败，俄国占领了亚速海沿岸地区。

1696～1698年，彼得派大使团赴西欧考察，学习西欧各国先进的科学技术与管理经验。为掩人耳目，他更换姓名，乔装为一名下士随团出访。在考察期间，他们先后到过瑞典、普鲁士、荷兰、英国等地。

从1700～1721年，俄军在经历了长达21年的北方战争后，终于战胜瑞典，夺得了芬兰湾、里加湾等波罗的海沿岸的大部分领土。同年10月，俄国最高国家机构枢密院封彼得为"大帝"兼"一国之父"，并将俄国国号正式改为俄罗斯帝国。

为了争夺西亚和印度，1722～1723年，彼得一世又发动了侵略波斯的战争，并于1723年夺得了里海南岸的一部分领土，为了实现他"世界性的侵略体制"——即建立一个从波罗的海到太平洋，从北冰洋到印度洋的强大的俄罗斯帝国。

1725年2月8日，53岁的彼得一世因病在彼得堡去世。

🌸 国王与店主

彼得大帝曾微服私访于俄国各地。一天，旅店的店主查房时看他长得很像国王，于是问道："您是国王陛下吧？"彼得说："我是为他服务的。"店主说："您为国王做什么呢？"彼得从容地说："他有很多事都会请我帮他做。"说完，彼得开始刮胡子。店主不肯罢休，继续追问："那您替他做过什么呢？"彼得照照镜子说："他有时会让我替他刮胡子。"店主一听，觉得这个人一定不是国王，顶多是个宫廷侍卫，或是个长得像国王的普通人，于是转身走了。

巴 赫

Johann Sebastian Bach 音乐之父

> 巴赫是举世闻名的德国古典音乐大师，他是第一个把各国不同风格的音乐成功糅合在一起的人，被世人尊称为"音乐之父"。巴赫为人类谱写出了诸多不朽的传世乐章，他的诞生，对人类、对音乐来说都是一个幸运。

巴赫是一位多产的作曲家和杰出的演奏家，他一生创作的各类乐曲多达 800 余首。他承上启下，将几个世纪以来的音乐予以总结和发扬。他在音乐的创作上形式多样，内容深刻。在巴赫以后出现的伟大音乐家，几乎全部受过他的滋养——贝多芬、舒曼、雷格尔……无数后代音乐家用他们的音乐语言，表达着对巴赫的敬意。

1685 年，世界上著名的音乐大师约翰·塞巴斯蒂安·巴赫诞生在德国中部图林根州的爱森纳赫市，这是一个富有音乐传统的城市。巴赫的家族可称得上是音乐世家，他的祖父和父亲都是乐师。巴赫在音乐中降生，在音乐中生长，这无疑为巴赫音乐才华的萌生与发展提供了一个良好的环境。

巴赫在幼年时就受到了严格的音乐训练，做音乐师的父亲亲自为他上启蒙音乐课，亲手教他拉小提琴，为他打下了坚实的音乐基础。然而童年无忧的生活是短暂的，在他 9 岁那年，母亲去世了，第二年，他又失去了父亲，成了孤儿。这时，担任风琴师的大哥承担起了

🌺 巴赫的音乐，可以说是构成欧洲音乐殿堂的一根重要支柱。

抚养弟弟的责任，并在闲暇之余指导他继续学习音乐。在困境中，兄弟俩相依为命，他们走街串巷，靠唱歌乞食。作为一个孩子，巴赫从小就背起了音乐这个既沉重又美丽的"十字架"。

15岁时，巴赫离开兄长开始独立生活，他转学到吕讷堡，到当地的寺院当"乐童"。在那里，他先后学习了小提琴、管风琴，不但不辞辛苦地将一本本著名作曲家的乐谱认真抄写，而且通宵达旦地练琴，钻研演奏技巧。

1703年，18岁的巴赫已成为一名出色的管风琴手，在魏玛的阿恩斯塔德城任教堂管风琴师。从此，巴赫开始倾注心力谱写他的作品。他创作了著名的《离别随想曲》《D小调托卡塔曲》《G大调幻想曲》，等等。除了未涉及歌剧外，他的作品包括各种体裁，其中以管风琴作品占的比重最大。

🎵 巴赫曾在教堂中担任管风琴乐师

尽管巴赫的音乐修养很高，但他却常因破坏教会的清规戒律而受到严厉的惩罚，例如教会规定妇女不许参加教会合唱，巴赫却常把他表妹领进教堂，因此引起教会不满，受到监禁的惩罚。

1708～1723年，巴赫在魏玛、寇顿任宫廷乐长，这是他艺术创作的第一个鼎盛期，创作了许多杰作，如《风琴乐曲》《古钢琴曲》以及被人们称为"世俗康塔塔"的作品。

1723年，巴赫到莱比锡托马斯教堂及其附属歌唱学校担任乐长和教师，并创作了《约翰受难曲》。这部作品把《约翰福音》中所记载的耶稣受难的情节，完全用音乐表达了出来。巴赫创作这部受难曲的目的，是要使信徒们对耶稣受难有更深刻的认识，表达了人类从耶稣的拯救中所得到的圣荣光华。

晚年，巴赫常因一些繁琐的公务而浪费了大量宝贵的时间，他不得不辞去了大部分公职，以便有更多的时间创作。1750年，巴赫因突然中风逝世，享年65岁。

🎵 收获大于一切

巴赫从小就很顽强，为了学习音乐，他不怕任何困难。一次，他听说汉堡有位著名的管风琴大师技艺相当高超，所以非常想去听大师演奏。可是，爱森纳赫距离汉堡很远，况且自己又没有钱，巴赫只好携带干粮，徒步前往汉堡。一路上，困了就睡在草垛里，渴了就饮河水，所有的困难都没有打消他求学的念头。当小巴赫返回家乡时，两只脚已经长满了血泡。然而，能观摩大师演奏，聆听大师教诲，小巴赫觉得自己的收获大于一切。

伏尔泰

Voltaire **用笔杆战斗的勇士**

> 在法国启蒙运动的学者中,伏尔泰是被公认的领袖和导师,他的文学成就最高,文学作品数量也最多。伏尔泰用笔杆进行了60多年的反封建斗争,影响遍及全世界,他将永远受到世界人民的崇敬和爱戴。

伏尔泰的一生是战斗的一生,他的斗争锋芒直指封建专制制度。他的斗争目的就是要把人们从中世纪的蒙昧和宗教迷信的思想禁锢中解放出来,以期建立一个平等、自由、幸福的"理性王国",即理想化的资产阶级王国。伏尔泰的威望和贡献,都是法国启蒙思想家中最大的。

🌸 伏尔泰是法国启蒙运动时期的中心人物

伏尔泰,原名费朗梭阿·马利·阿鲁埃,伏尔泰是他的笔名。1694年11月22日,伏尔泰出生在巴黎一个富有的公证人的家庭。伏尔泰幼年时就能背诵拉·封丹的《寓言》,12岁已能作诗,并开始对神学表示怀疑。16岁那年,伏尔泰中学毕业,没有继续学习法律,成了一个没有职业的文人,经常写一些讽刺诗和即景诗。1715年,号称"太阳王"的路易十四去世,年仅5岁的曾孙路易十五继位,由奥尔良公爵菲利浦摄政。路易十四时代是法国封建王权的鼎盛时代,教会的权力大大增长,强烈的阶级矛盾成为推动历史发展的动力,启蒙运动应运而生。

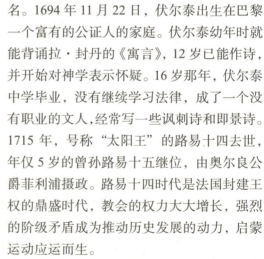

就在这时,伏尔泰充当了启蒙运动的旗手,开始用自己手中的笔向糜烂腐败的宫廷挑战。1717年,伏尔泰因为写了揭露宫廷淫乱风气的讽刺诗,被投入了巴士底狱。在狱伏尔泰才思敏捷，多才多艺。他的作品以尖刻的语言和讽刺的笔调而闻名。图为腓特烈二世设宴款待伏尔泰。

中，伏尔泰并没有停止思考和写作，他以希腊神话中一个乱伦的故事来影射宫廷生活。这部名叫《欧第伯》的剧本在他出狱后在巴黎上演，受到一致好评，伏尔泰也因此在法国文学界名声大振。1725 年，因为顶撞了一个贵族，伏尔泰被驱逐出法国，开始了漫长的流亡生涯。

1726 ～ 1729 年，流亡英国的伏尔泰认真考察了英国的政治、经济、文化和科学成就。正是在这一时期，他的哲学观点乃至整个世界观开始形成。1729年，伏尔泰回到巴黎，历史剧《布鲁杜斯》和悲剧《采儿》是这个时期的代表作品。1734 年，伏尔泰在鲁昂出版了《英国通讯录》，被认为是"投向旧制度的第一颗炸弹"，一经问世就被法院判为禁书，当众焚毁，伏尔泰被迫流亡到荷兰，寄居在友人夏德莱侯爵夫人家中。

1749 年，夏德莱夫人去世，伏尔泰在普鲁士国王腓特烈二世的邀请下来到了普鲁士，想把国王和宫廷作为自己实现启蒙运动的手段，但当他痛苦地认识到不可能实现时，随即挂冠而去，决定不再和任何君主来往。

离开普鲁士后，伏尔泰在法国与瑞士边境的佛尔纳购置了房屋和地产，在这里度过了富裕的晚年。1774 年，路易十五去世，新即位的路易十六无法阻止法国人民对伏尔泰的拥护和爱戴，于是允许伏尔泰于 1778 年返回巴黎，人们夹道欢呼，无比热烈地迎接这位 84 岁高龄的老人，场面胜过了欢迎任何一位国君。

同年的 5 月 30 日，伏尔泰病逝。由于受到教会的迫害，伏尔泰的遗体不得不被秘密运到香槟省安葬。后来，法国人民在先贤祠地宫的中心设置了伏尔泰的假墓，以纪念这位大革命的先驱。

父亲的意外发现

伏尔泰的记忆力非常好。一天，父亲从外面回来，看到小伏尔泰站在床上自言自语地讲故事，表情丰富多变，还手舞足蹈。父亲觉得好奇，于是躲在他背后看他表演。看了一会儿，他觉得儿子讲的故事好像是拉·封登的《寓言》。父亲悄悄地拿来这本书，经过核对，他惊异地发现，儿子讲的故事与《寓言》中的故事居然一字不差。等小伏尔泰讲完故事后，父亲情不自禁地把他抱了起来，连连称赞道："我的乖孩子，你太聪明了！"

富兰克林

Benjamin Franklin 资本主义精神最完美的代表

本杰明·富兰克林是18世纪美国杰出的科学家、思想家和政治活动家。除了在电学上的贡献外，富兰克林还是美国独立战争的老战士。他参加起草了《独立宣言》和美国宪法，积极主张废除奴隶制度，深受美国人民的崇敬。

18世纪中期，电学史上出现了一位叱咤风云的勇士，他冒着生命危险从天空中攫取雷电，揭开了电的秘密，他的名字叫本杰明·富兰克林。

1706年1月17日，富兰克林出生在北美的波士顿城，他的父亲原是英国漆匠，当时以制造蜡烛和肥皂为业。后来因受宗教迫害，举家迁到了北美大陆。富兰克林8岁入学读书，虽然学习成绩优异，但由于家中孩子太多，无法负担他读书的费用，所以他到10岁时就不得不离开学校，回家帮父亲一起做蜡烛。富兰克林一生只在学校读了这两年书。

🌿 富兰克林是美国历史上第一位享有国际声誉的科学家和发明家

12岁时，父亲把富兰克林送到哥哥詹姆士经营的小印刷所当学徒，自此，他当了近10年的印刷工人。富兰克林年纪虽小，但在印刷厂里却很快掌握了排字、校对、印刷、装订等技术。同时，富兰克林从未间断过学习，他从伙食费中省下钱来买书，还利用工作之便结识了几家书店的学徒，这样，能够看到的书就更多了。富兰克林常常在晚上将书店的书借来，通宵达旦地阅读，第二天一大早便归还。他阅读的范围很广，从自然科学、技术方面的通俗读物，到著名科学家的论文以及名作家的作品，几乎全都读过。

17岁那年，富兰克林离开了哥哥的印刷所，独自来到伦敦，后来又辗转来到费城。在那里，他从印刷工人开始，一直到拥有自己的印刷作坊，自己办报纸，走过了一段艰辛的谋生之路。

1736年，富兰克林当选为宾夕法尼亚州议会秘书。1737年，任费城副邮务长。虽然工作越来越繁重，可是富兰克林每天仍然坚持学习。为了进一步打开知识宝库的大门，他孜孜不倦地学习外国语，先后掌握了法文、意大利文、西班牙文及拉丁文。他广泛地接受了世界科学文化的先进成果，为自己的科学研究奠定了坚实的基础。

1748年，富兰克林离开自己从事了30多年的印刷工作，开始进行科学研究。1745年，荷兰人发明了一种能充电、放电的"莱顿瓶"，大大促进了电学实验。后来，经过反复的实验，富兰克林终于大胆提出了用正电和负电来说明两种电荷的性质。在1752年7月一个雷雨交加的傍晚，富兰克林冒着生命危险，利用风筝做了一次名载青史的捕捉天电实验，并最终证实：天上的雷电与人工摩擦产生的电具有完全相同的性质，从而打破了雷电是上帝之火的谬论。之后，富兰克林又根据这一实验，成功地发明了避雷针。

美国独立战争爆发后，富兰克林参加了第二届大陆会议和《独立宣言》的起草工作。1776年，已经70岁高龄的富兰克林又远涉重洋出使法国，争取到法国和其他欧洲国家人民对北美独立战争的支援。1787年，他积极参加了制定美国宪法的工作，并组织了反对奴役黑人的运动。

1790年4月17日，84岁的富兰克林溘然逝去。4月21日，费城人民为他举行了隆重的葬礼，两万人参加了出殡队伍，他们为富兰克林的逝世服丧一个月，以表示对这位德高望重的科学家、思想家和政治活动家的悼念。

艺术家绘制的富兰克林"风筝实验"图

❉ 学会"低头"

一次，富兰克林到一位前辈家拜访。一进门，他的头就狠狠地撞在了门框上，疼得他一边不住地用手揉搓，一边看着比正常标准低矮的门。出来迎接他的前辈看到他这副样子，笑笑说："很痛吧？这将是你今天拜访我的最大收获。一个人要想平安无事地活在世上，就必须时时刻刻记住'低头'，做人要谦虚谨慎。"富兰克林牢记前辈的教导，并把它列入一生的生活准则之中。

卢梭

Jean-Jacques Rousseau **锁不住的光芒**

卢梭是 18 世纪法国启蒙运动的卓越代表人物之一，他受英国唯物主义哲学家洛克的影响，写出了光辉巨著《社会契约论》，其政治思想后来成为资产阶级民主革命的政治纲领。

卢梭于 1712 年生在瑞士日内瓦，父亲是个钟表匠，母亲在生下他几天后就去世了。幼年时卢梭没有受过系统教育，但在父亲的鼓励下读了许多古希腊和罗马的名人传记和抒情小说，这使他的思想渐渐成熟起来。10 岁那年，卢梭被送到一个牧师家中住了两年，学习了拉丁文。13~16 岁这 3 年间，卢梭在一个雕刻匠的店里当学徒。后来由于不堪辱骂，他逃离了这个令他心酸的地方，此后便开始了长期的流浪生活。

在近 14 年的流浪生活中，卢梭做过雕刻匠，当过家庭教师，也给贵妇人做过杂役，但每种工作时间都不长。1741 年，卢梭来到巴黎，参加过一些沙龙，结识了许多著名的学者，如狄德罗、伏尔泰等人，也接触过一些上流社会的贵夫人。但是，上层的奢靡生活使他厌恶，他的经历也使他更为同情下层群众的疾苦，因此，卢梭开始同上层社会疏远。

18 世纪 40 年代，伏尔泰已经誉满欧洲，可卢梭还过着艰难的生活，他超人的智慧和勤奋的劳动得不到社会的承认，这深深折磨着他的心灵。1749 年夏天，卢梭

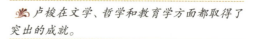

卢梭在文学、哲学和教育学方面都取得了突出的成就。

卢梭小说《爱弥儿》插图。这部小说描述一个英雄爱弥儿从众儿童中脱颖而出的教育实验。图为爱弥儿和以作者为原型的牧师进行交谈，提出自然神学，指出人类是万物之灵。

去克桑尼城堡看望被关押的好友狄德罗的途中，在报纸上看到了第戎科学院的征文题目，便把几年来压在胸中的感情充分抒发，写出了他的第一篇论文《论科学与艺术》，从此声名鹊起。

1753年，卢梭撰写了他最为重要的理论名著《论人类不平等的起源和基础》，1755年在荷兰出版后，轰动了整个欧洲。在这本书中，他着重阐述了私有财产是万恶之源，宣传自由和平等不可剥夺的"天赋人权"的资产阶级政治观。

1756～1762年，卢梭先后写作出版了《新哀洛伊丝》《社会契约论》和《爱弥儿》3部小说，在社会和历史上产生了很大的影响。

卢梭的《社会契约论》是一部表现他的民主主义政治思想的主要著作。书中指出一切权力应属于人民，法律要表现人民公意，法律面前人人平等。卢梭是西方近代社会契约学说的集大成者，一部《社会契约论》，使人们将社会契约学说同卢梭的名字联系了起来。

然而，《社会契约论》令人耳目一新的观点却给他带来了灾难。他受到当地天主教神甫和信徒的咒骂和围攻，逃到普鲁士管辖的讷沙泰尔地区，隐居到1765年，此间发表了《写自山上的信》。

1766年，在英国哲学家休谟的邀请下，卢梭到英国居住。由于卢梭很早就患有"受迫害妄想症"，于是他在1767年惊慌地逃往法国，最初住在一位侯爵家里，后来又改名住在另一个人的城堡里。

1770年，法国当局宣布对卢梭赦免，于是他迁回巴黎，恢复了真名。卢梭在晚年也写了不少著作，其中最著名的是《忏悔录》。

1778年7月2日，这位杰出的民主主义思想家与世长辞。

书籍的力量

卢梭在雕刻匠手下当学徒时，宿舍附近有一家租书店，卢梭经常去那里手不释卷地看书，有时甚至误了工作时间，受到师傅的责骂和体罚。不到一年时间，卢梭把这家小店的书全部读了一遍。在这些书籍的熏陶下，他纠正了许多古怪的脾气和不良的习惯。同时，书籍也唤起了他内心更高尚的感情，他觉得雕刻师傅这里的环境很不理想，一切都缺乏情趣，令人难以忍受。16岁时，卢梭离开了雕刻匠，他相信自己可以独立生活，自由地支配一切。

亚当·斯密

Adam Smith **经济学鼻祖**

> 亚当·斯密，英国工业革命前夕工场手工业主的代表，英国古典经济学的奠基人。尽管经济学发展迅猛，但亚当·斯密的思想却是日久弥坚，因而他仍然是人类思想史上的主要人物之一。

18世纪的英国工业革命，引起了人类历史上一次最深刻的社会变革。这个时期，在思想战线上反映工业资产阶级利益的代表人物就是亚当·斯密。

1723 年 6 月 5 日，亚当·斯密出生在英国苏格兰地区的克科第城。1737 年，亚当·斯密在家乡接受完中学教育后，考进了格拉斯哥大学，主要攻读数学和自然哲学。由于他学习成绩优良，17 岁时被牛津大学录取。进入这所著名的学府后，亚当·斯密结识了当时英国最著名的哲学家、历史学家和经济学家大卫·保诺，并建立了深厚的友谊。1746 年 8 月，亚当·斯密从牛津大学毕业。

1751 年，28 岁的亚当·斯密受格拉斯哥大学的聘请，讲授逻辑学和道德学。在授课的同时，他将自己的讲义作了精心的修改，于 1759 年出版，并命名为《道德情操论》。

在格拉斯哥大学，亚当·斯密一共从事了 14 年的教育工作，这是他一生中最重要的一个时期。他在这段时间内积累了大量的经济学和政治学方面的知识，同时，也为后来的著述做了充分的准备。

亚当·斯密在 1759 年著述的《道德情操论》一书中，预言自己将要写一部关于政治经济学方面的著作，而且他在欧洲大陆旅行期间，就已经着手进行。为了能够全身心地投入这本著作的写作中，他辞去了私人教师的职务，于 1767 年回到家乡克科第城，闭门谢客，过着隐居式的著述生活。

🌺 亚当·斯密是经济学的主要创立者。他的经济理论是矛盾的，但他的经济政策观点却始终如一。

经过 6 年的不懈努力，1773 年，亚当·斯密终于完成了全书的写作，并亲自将手稿带到伦敦去出版。在伦敦，他又用了整整 3 年的时间对已经写完的著作进行修订和增补。1776 年 3 月，凝聚了亚当·斯密 6 年心血的著作终于出版了，即《国民财富的性质和原因的研究》（亦译《国富论》）。

《国富论》是现代政治经济学研究的起点，它的出发点是利己主义，研究的对象则是国民财富，经济自由是它的中心思想。《国富论》的任务是分析促进国民财富增长的原因和条件，论证资本主义制度的优越性，为新兴的资产阶级反对封建制度和重商主义政策提供理论武器。

亚当·斯密在 1785 年写给朋友的信中，还提到他准备撰写两部规模较大的著作。一部是关于文学、修辞和哲学的，另一部则是关于法律、政治的理论及其发展的历史，而且自己已经为此搜集好了大量的相关资料。

1787 年，亚当·斯密被聘为格拉斯哥大学校长，这时他的身体状况已经大不如前。亚当·斯密是一个谨慎的学者，不愿草率地发表自己并不很成熟的作品，所以在他即将离开人世之际，将自己后来未完成的稿件全部付之一炬。

1790 年 7 月 17 日，67 岁的亚当·斯密病逝。

勇于突破

亚当·斯密最先确认了一般劳动决定商品的价值，这是他的重大理论贡献之一。他突破了前辈们所设置的栏框，认为一切生产部门的劳动都是价值的源泉，把价值直接同劳动连接了起来，撇开了劳动的具体形式，从而把创造价值的劳动归结为无差别的一般社会劳动，为建立科学的劳动价值作出了贡献。

亚当·斯密曾就读于牛津大学

华盛顿
George Washington 美国之父

乔治·华盛顿是美利坚合众国的开国总统,被尊称为"美国之父"。作为美国独立战争的领导人和组织者,他以非凡的战略眼光和在逆境中无比坚强的精神,将美国人民带入一个没有殖民压迫的新世界,演奏出一曲反对压迫、争取自由的民族交响乐。

人们常说:一个伟人就是人类历史的一座丰碑。而作为一个军事家和民族英雄,华盛顿理应被列入伟人的行列。他是战争时代最伟大的将军,和平时期最杰出的领袖,同胞心目中最伟大的人物。是他缔造了一个新的美国,并指引它度过了建国的最早年代。他的思想一直照耀着美国人,他确立的政策、原则都为后来的美国人所遵守,为美国的强盛奠定了基础。

华盛顿缔造了一个新的美国,并指引着它度过了建国的最早年代。

1732 年 2 月 22 日上午 10 时左右,一个男婴在北美弗吉尼亚州一个庄园的老屋里降生了,父亲奥古斯丁为其取名为乔治,这就是后来成为美国国父的乔治·华盛顿。

1743 年,华盛顿的父亲去世,兄长劳伦斯承担起了对他的关怀和爱护。在兄长的庄园里,他接触到一些名门望族,并学会了英国上流社会的道德观念、礼仪典章和温文尔雅的风度。在此阶段,他还熟练掌握了测量技术,并被任命为政府测量员。几年的测量生活,使华盛顿适应了野外的艰苦生活,学会了与印第安人交往。这一段生活经历,对华盛顿的命运,包括对美国人的命运都产生了巨大的影响。

华盛顿 20 岁时,兄长劳伦斯也去世了,整个大农场由华盛顿继承和管理。他经常骑马到弗吉尼亚

各处去观察，对西部广袤无垠的土地产生了强烈的兴趣。1752年，华盛顿被任命为弗吉尼亚南区的副长官。1755年，爆发了英法七年战争，华盛顿骁勇善战，因其出色的表现被委任为弗吉尼亚民兵总司令。

1763年，英国政府在北美殖民地颁布法令，禁止向阿勒根尼山以西移民，并制定了《茶叶税法》，加紧了对殖民地的剥削和压迫。面对殖民者的高压政策，1774年9月5日至10月26日，各殖民地代表在费城举行了第一届大陆会议。华盛顿代表弗吉尼亚州参加，极力主张殖民地和宗主国完全分离。

1781年10月的约克镇包围战中，罗尚博将军和华盛顿下达了最后一次进攻命令。

1775年4月19日，波士顿来克星顿的枪声揭开了美国独立战争的序幕。1775年5月，第二届大陆会议召开，华盛顿依然代表弗吉尼亚州出席了会议。会上，代表们一致通过组织大陆军的决定，并推举华盛顿担任大陆军总司令。担任总司令后，华盛顿率领军队全身心地投入战争中，于1776年3月17日迫使英军退守哈利法克斯港，独立战争取得胜利。

1776年7月4日，大陆会议通过了《独立宣言》，庄严宣布北美13个殖民地从此脱离英国殖民者的统治而独立，美利坚合众国诞生了。1789年2月4日，华盛顿被选为美利坚合众国的首任总统，在华盛顿执政的8年期间，他凭借自己的威望和高明的政治手段，使13个原本争吵不安的州在建国初期的困难年代中保持一团和气。

1799年12月14日，华盛顿因喉炎去世，终年67岁，美国及欧洲各地举行了隆重的悼念活动。美国政府还将"华盛顿哥伦比亚特区"命名为华盛顿。1800年，美国首都正式从费城迁到华盛顿，以此来纪念这位国父级的人物。

华盛顿与偷马人

一天，华盛顿的马被偷了。他与警察到偷马人的农场里去索讨，但那人一口咬定马是自己的。华盛顿用双手蒙住马眼说："如果马是你的，请你告诉我马的哪只眼睛是瞎的？"偷马人犹豫了一会儿说："右眼。"华盛顿放下蒙马右眼的手说："右眼并不瞎。"那人急忙争辩道："我说错了，是左眼。"华盛顿又放下蒙马左眼的手，马的左眼也不瞎。偷马人还想狡辩，警察愤怒地说："够了！这足以证明马不是你的。"偷马人只好不情愿地把马还给了华盛顿。

瓦 特

James Watt 工业革命的缔造者

詹姆斯·瓦特是改良蒸汽机的发明者。他的发明具有划时代的意义，直接导致了第一次工业技术革命的兴起。瓦特的创造精神、超人的才能和不懈的钻研精神为后人留下了宝贵的精神和物质财富。

1736 年1月19日，在英国造船业中心格拉斯哥附近的小城格里诺克，詹姆斯·瓦特出生了，他是这个家庭的第六个孩子。由于小瓦特的4个哥哥和1个姐姐都相继夭折，所以母亲对于小瓦特的到来，倾注了全部的心血和关爱。然而小瓦特天生就体弱多病，母亲的娇宠并没有给他带来更多的健康，反倒助长了他高傲和孤僻的性格，使他从小就显得不合群。小瓦特的聪明才智在中学时就逐渐显露了出来，被公认为是可以顺利迈入大学的一名好学生。

然而，天有不测风云，在瓦特中学毕业前夕，一连串的不幸突然降临在他的家中：弟弟遭遇海难、母亲忧伤而死、父亲的生意面临破产。各种变故使家里的经济状况陷入困境，因此他失去了上学深造的机会，走上了出外谋生的道路。

1754年，18岁的瓦特来到格拉斯哥一家钟表店学手艺，但由于收入过低不能维持生活。第二年，他又来到伦敦当学徒，凭借自己的勤奋好学，很快掌握了别人用三四年的训练才能学会的技艺。1756年，瓦特重新回到格拉斯哥，在格拉斯哥大学当了一名仪器设备维护

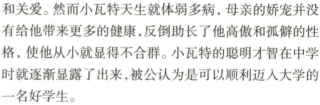

作为一个创造力丰富的科学奇才，瓦特还有多项发明，如液体比重计、信件复印机等。图为瓦特画像。

员。1757 年，瓦特在格拉斯哥获得了"大学数据仪器制造者"的头衔，成为这所大学的编外员工，并拥有了一个装备齐全的物理研究室。

在大学里，瓦特还结识了一批良师益友，其中就有著名的物理学家布莱克。瓦特从他那里学到了许多热学知识，也曾对他提供过热心的帮助。布莱克利用瓦特为他特制的精密仪器仪表，完成了一系列的科学实验，最终确立了特定热和潜热等理论。同样，布莱克的潜热学说对瓦特日后进行的蒸汽机研制实验，也起到了巨大的影响。

🔥 瓦特做实验的工厂

1763 年，瓦特开始向改进蒸汽机迈进，并在这一领域里苦苦摸索、研究了 20 多年，终于完成了对纽可门蒸汽机的三次革新。瓦特的发明，使蒸汽机变成了适用于一切工业部门的动力机械，并迅速为纺织、冶金、造纸、食品、建筑等各行业广泛应用。1807 年，第一艘蒸汽轮船制造成功，1814 年，第一台实用的蒸汽机车问世。这许多以蒸汽为动力的机械装置的发明，无一不是瓦特蒸汽机发明的结果。可以说，没有瓦特的发明，就不会有近代工业革命的发展。

1775 年 5 月 22 日，经过博尔顿的努力，瓦特蒸汽发动机的专利有限期被延长到 1800 年。他们成立了博尔顿—瓦特公司，合伙进行蒸汽机的改进与制造。1806 年，瓦特获得了格拉斯哥大学授予的名誉博士学位。1814 年，由于瓦特的伟大贡献，他获得了一项最大的荣誉——当选为法国科学院院士。当时，瓦特已到了古稀之年，他的儿子小瓦特成为发动机公司的合伙人。退休后的瓦特健康状况仍然很好，他经常以顾问工程师的身份工作，并继续发明一些有用的机器。

1819 年 7 月，瓦特兴趣盎然地在伦敦游览了一番，可是回到家后，83 岁的他突然病倒了。同年 8 月 19 日，这位对人类发展作出巨大贡献的科学家安详地离开了人世。

🌀 水蒸气的启示

瓦特从小就善于思考。一天，他在厨房里看祖母做饭。灶上坐着的开水在沸腾，壶盖不停地往上跳动。瓦特觉得很奇怪，就问祖母壶盖为什么会跳动。祖母回答说："水开了就这样。"瓦特又追问："是什么东西推动壶盖在跳动吗？"祖母便不耐烦地说："小孩子问这么多干嘛！"瓦特虽遭挨骂，但他并不灰心，连续几天蹲在火炉旁观察。后来，瓦特终于弄清楚，原来是水蒸气推动壶盖跳动。这为他日后发明蒸汽机奠定了基础。

杰弗逊
Thomas Jefferson **美国自由主义的化身**

杰弗逊是第三任美国总统，他是美国独立运动的领导人之一，美国的开国元勋和建国功臣。杰弗逊起草的《独立宣言》具有世界性的影响，成为光辉千古的不朽篇章。他是美国自由主义的代言人和创始人，在美国历史上可以与华盛顿、林肯比肩。

杰弗逊不但是一位名垂青史的政治家，还是一位百科全书式的人物。他精通 7 种语言，而且还是小有名气的发明家、建筑师、农业专家、小提琴手和宗教专家。

🔥 杰弗逊提出的"人人生而平等"的理念，一直在全世界为人们所传颂。

1743 年 4 月 13 日，托马斯·杰弗逊出生在弗吉尼亚州沙德威尔一个种植园主家庭。他的父亲对子女的教育非常重视，所以杰弗逊 5 岁时就开始读书，少年时就通晓拉丁文和希腊文。

杰弗逊 14 岁时，父亲去世，他继承了大片的地产。

1760 年 3 月，17 岁的杰弗逊进入威廉斯堡的威廉—玛丽学院学习。毕业后，他又转攻法律。24 岁时，杰弗逊取得了律师资格，一直执业到独立战争爆发。

1769 年，杰弗逊当选为弗吉尼亚州议会议员，从此开始了他的政治生涯。受英国哲学家洛克和法国启蒙思想家卢梭的影响，杰弗逊深信"天赋权利说"和"社会契约说"，认为被压迫的人具有天赋的自由与平等的权利，倾向民主自由的政治思想已露端倪。随着北美殖民地经济的发展与英国对殖民地压迫政策的加强，北美殖民地与英国的矛盾日益尖锐，爆发了殖民地人民争取独立的革命。由于在群众中具有广泛的社会基础，杰弗逊便成为争取独立的殖民地人民的左翼领导人之一。

1775年5月，32岁的杰弗逊作为弗吉尼亚州的代表，出席了在费城召开的第二届大陆会议，并被选为起草《独立宣言》第一稿的执笔者。在《独立宣言》中，杰弗逊再次肯定了"天赋权利说"。

1776年10月，大陆会议结束之后，杰弗逊返回弗吉尼亚立法机关，为实行几项重大改革发挥了主导作用。1776年，杰弗逊当选为战时州长，当1780年英军进攻弗吉尼亚时，杰弗逊虽然恪尽职守，但由于缺乏军事领导经验，使弗吉尼亚议会遭到了破坏。他因此受到各方面的责难和批评，于1781年辞去州长职务，回到了家乡。

图为杰弗逊起草《独立宣言》时的情景

1789年，在新总统乔治·华盛顿的提名下，杰弗逊就任国家第一任国务卿。除了主持外交事务和国内事务外，他还亲自参与了国会大厦——白宫的设计与建造。1793年，在华盛顿总统任期将尽时，杰弗逊也递上了辞呈，再次回到家中。1796年，原任副总统的亚当斯当选为总统，杰弗逊当选为副总统。

1801年，由于不满亚当斯政府颁布的4项摧残人民民主权利的法令，杰弗逊决心通过选举之路竞选总统。在1805年的大选中，他如愿当选为美国第3任总统。担任总统期间，杰弗逊精兵简政，大力发展农业和工商业，废除了国产税，减轻了税收，并颁布新土地法和禁止奴隶贸易，将美国疆土扩大了一倍，为美国资本主义的发展提供了有利的条件。

1809年，杰弗逊卸任后，把全部精力都献给了教育事业。从1819～1825年，年逾古稀的杰弗逊为创建弗吉尼亚大学东奔西走，在他去世前一年这所大学终于建成了。1826年，托马斯·杰弗逊去世，享年83岁。

重要的是态度

一天，杰弗逊总统一行人和一群旅客准备渡河。暴雨把桥冲毁了，他们只好骑马过河。当他们准备前进时，一名男子突然对总统说："您可以载我过河吗？"杰弗逊毫不犹豫地同意了。到了对岸，总统的一名随从问那名男子为什么选择总统来搭载自己。男子听后很惊讶。过了一会说："我不知道他是总统，我只知道对于我的请求，你们有些人脸上写着'是'，有些人脸上写着'不'，而总统脸上写着'是'。有时候重要的不是身份和地位，而是态度。"

拉瓦锡

Antoine-Laurent de Lavoisier **近代化学之父**

拉瓦锡是法国化学家，他掀起的化学革命是18世纪科学发展史上最辉煌的运动之一。拉瓦锡的化学革命思想及其实践，还为近代化学带来了前所未有的系统性，因此他被称为"近代化学之父"。

🌾 拉瓦锡对化学的最大贡献在于，他把化学革命的思想引入了化学理论领域。

安托万—劳伦特·拉瓦锡，1743年8月26日出生于巴黎一个富裕的家庭，父亲是一位颇有名气的律师。5岁那年母亲因病去世，拉瓦锡从此在姨母的照料下生活。在家庭教师的辅导下，他渐渐对科学产生了极大的兴趣。1754年，拉瓦锡进入当时著名的马扎林学院。他18岁时考入法政大学，21岁毕业取得法学硕士学位。按照父亲的安排，拉瓦锡继承了父业，成为一名律师。但他对科学的热情丝毫没有减退，仍醉心于天文学和化学。在他的办公抽屉里，常常放着各种各样的石头，甚至卷宗里也能抖出矿粉来。

1765年，拉瓦锡基于对石膏物理与化学性质的系统研究，发表了首篇化学论文，并引起了法国科学院的注意，一致决定发表他的论文。第二年，拉瓦锡又因改良城市街道照明的设计而荣获科学院的金质奖章，正是这件事促使拉瓦锡下决心投身科学。他毅然放弃律师职务，开始专心从事科学研究工作。

18世纪后半叶，化学理论相当混乱，主要原因在于当时统治化学理论领域的燃素说。拉瓦锡用金属燃烧增重的实验公开对燃素说进行质疑，并发现燃烧的本质，最终把统治化学界近80年之久的燃素说彻底推翻了，他用崭新的燃烧理论给化学研究带来了一系列的革命。

拉瓦锡在研究中一直遵循"没有充分的实验根据，

从不推导严格的定律"的原则。这种尊重科学事实的思想，使他能把前人所做的一切实验看作只是建议性质的，而不是教条，从而批判地继承了前人的工作成果，敢于进行理论上的革命。拉瓦锡的科学思想和科学方法，长期以来一直是人们学习和研究的内容。

🌸 拉瓦锡正在全神贯注地做实验

1768 年，拉瓦锡被任命为法国皇家科学院的副会员，这时，科学研究已成为他生活的重要内容。为了获得科学研究的经费，拉瓦锡违心地当上了一名"包税人"，同时也结识了包税公司经理的女儿——金发碧眼的玛丽。1771 年，拉瓦锡与 13 岁的玛丽结婚了，玛丽性情温柔，多才多艺，常常陪伴在拉瓦锡身边，帮助他一起做实验。拉瓦锡的著作里的许多插图都是他的妻子亲手绘制的。虽然他们一生没有孩子，但他们生活得非常愉快，这为拉瓦锡更好地从事科学研究创造了安宁愉快的气氛。

此后，拉瓦锡逐渐在化学研究上取得了重大的突破，成为著名的化学家，引领了一场化学革命。就在拉瓦锡的巨著《化学纲要》出版这一年，法国大革命爆发了。当革命越来越失去控制的时候，许多科学家都受到迫害，拉瓦锡作为一名著名的科学家，也没能幸免，他以阴谋反对人民的罪名被捕入狱，并被判处死刑。在草率的审判中，一位好心的律师提醒法官："拉瓦锡先生可是一位全欧洲闻名的科学家啊！"可大法官回答："共和国不需要科学家。"

1794 年 5 月 8 日，拉瓦锡被送上了断头台，科学界的一颗巨星就这样陨落了，同时代的人以及后人无不扼腕痛惜。

🌸 燃素学

燃素学说是300年前的化学家们对燃烧的解释，他们认为火是由无数细小而活泼的微粒构成的物质实体。这种火的微粒既能同其他元素结合而形成化合物，也能以游离方式存在。大量游离的火微粒聚集在一起就形成明显的火焰，它弥散于大气之中便给人以热的感觉，由这种火微粒构成的火的元素就是"燃素"。

歌 德

Johann Wolfgang Von Goethe **德国最伟大的诗人**

歌德是世界文学史上最杰出的作家之一，德国最伟大的诗人、思想家、剧作家。他的创作把德国文学提高到欧洲的先进水平，被恩格斯推崇为文艺领域里"真正的奥林匹亚神山上的宙斯"。

哲学家谢林曾说："歌德活着的时候，德国就不是孤苦伶仃的，不是一贫如洗的，尽管它虚弱、破碎，它精神上依然是伟大的、富有的和坚强的。"

1749 年 8 月 28 日，歌德出生于德国莱茵河畔的法兰克福，他的父亲是皇家顾问、法律博士，喜爱收藏书籍和美术作品，母亲是当时法兰克福市长泰克斯尔扎尔的女儿。在这种家庭环境里，歌德从小就受到艺术的熏陶。父亲对歌德寄予厚望，从他出生起就有计划地对他进行教育，因此，歌德 8 岁时就能阅读德文、法文、英文、意大利文、拉丁文、希腊文等多种文字的书籍。

1765 年 8 月，在父亲的坚持下，歌德违背自己学习古典文学的意愿，到莱比锡学习法律。1770 年 4 月，他转到斯特拉斯堡大学继续完成学业。后来，他在一次舞会上认识了夏绿蒂和她的未婚夫。歌德很喜欢夏绿蒂，但他知道自己没有希望，所以非常苦恼。1774 年，他以夏绿蒂为素材写成了优秀的小说《少年维特之烦恼》。

🌼 歌德一生跨越了两个世纪，正值欧洲社会大动荡、大变革的年代。他不断吸收先进思潮，从而创作出许多优秀的文艺作品。

1775 年，歌德在法兰克福与 16 岁的丽莉·斯温曼订婚，但终因家长反对，未能结成连理，而这段感情也促使他写成了《丽莉之歌》。1775 年 11 月，应卡尔·奥古斯特公爵的邀请，歌德来到魏玛，次年进入魏玛宫廷参政，开始了他近 10 年的政治生涯。在这里，他爱上比他年长 7 岁的有夫之妇史坦因，与她产生了一段炽烈的感情，后来又逐渐淡化。1786 年 9 月，歌德开始了意大利之游，这为他日后的写作积累了丰富的素材。

歌德名著《浮士德》插画。浮士德和玛格丽特在花园里交谈。

1788 年 6 月，歌德再次回到魏玛，认识了魏玛公国一位文书的女儿——克里斯蒂安·沃尔波乌斯。歌德对这位普通、单纯的姑娘产生了强烈的爱情，于是不顾宫廷贵族们的闲言碎语与之同居，并于次年生了一个儿子，取名为奥古斯都。直到儿子 18 岁时，他们才正式举行婚礼。

1794 年，歌德与席勒成为好朋友，从此开辟了"以歌德和席勒的友谊为特征"的德国古典文学全盛时期。在 10 年时间里，他们在创作上互相帮助，各自写出了他们的名作。在席勒的促进下，歌德创作了巨著《浮士德》。两位文学巨人 10 年的相处与合作，把德国古典文学推向了高峰，并使魏玛这座小小的公国都城一跃成为当时德国与欧洲的文化中心。

1821 年，歌德开始编辑自己的生平著述。1823 年，歌德因心脏病前往玛丽恩巴德疗养，认识了少女乌尔莉克，求婚被拒后，写下抒情诗《玛丽恩巴德哀歌》。1828 年 6 月，歌德的靠山魏玛公爵逝世，这对歌德是个沉重的打击。1830 年 10 月 27 日，他的爱子奥古斯都也死在意大利的罗马，老年丧子之痛使他陷入了无限的悲伤之中。

1832 年 3 月 16 日，由于受凉感冒，歌德卧病在床。3 月 22 日，这位伟大的诗人溘然长逝，享年 83 岁。

偷读"禁书"

歌德从小酷爱读书。有一次，他从书架上取下一本诗集刚要读，就被父亲夺走了。父亲生气地说："这是'禁诗'，不许你读。以后我叫你读什么，你就读什么。"一天上午，父亲正在理发，歌德偷偷溜进图书室，拿起那本"禁诗"读起来。歌德读得很投入，声音由低变高，慢慢忘记了父亲的存在。后来，偷读"禁诗"的秘密被拆穿了，歌德虽然又被父亲训斥了一番，可他心里却很高兴。

莫扎特

Wolfgang Amadeus Mozart

音乐史上的奇才

莫扎特是欧洲维也纳古典乐派的代表人物之一。虽然他只活了 35 个年头，但他留给后人许多梦幻般的美好、憧憬和抚慰。如今，从他笔下流出的每一段音符，都已成为音乐史上的经典之作。

莫扎特是一个充满激情的人，他在音乐上的贡献是极其巨大的。在他短暂的一生中，共创作了 600 多部音乐作品，对于一个音乐家来说，这个数目是相当惊人的。他是当之无愧的"音乐奇才"。

1756 年 1 月 27 日，沃尔夫冈·阿梅丢斯·莫扎特诞生在奥地利小城萨尔兹堡一栋五层楼的分租公寓里。他的父亲在当时皇室的宫廷乐队中任乐师，母亲也出身于音乐世家，有着良好的音乐素养。

年幼的莫扎特就显示出了过人的音乐天赋。莫扎特 4 岁时，在父亲的指导下很快就能弹奏小步舞曲，5 岁时，他作出了生平的第一支乐曲——小步舞曲。父亲发现他惊人的音乐天赋后，于 1762 年 1 月带着年仅 6 岁的莫扎特和 10 岁的女儿南内尔，开始了漫长的欧洲旅行演出。在数场演出中，莫扎特的音乐才能得到了充分展示，同时也被冠以"音乐神童"的美誉。

长期的旅行演出，虽然使莫扎特困顿不堪，但也使他大大拓宽了视野。在法国期间，莫扎特领略到宗教音乐的魅力，创作了不少音乐作品，出版了最初的 4 首小提琴和钢琴奏鸣曲，这时他才只有 7 岁。在英国，他欣赏到了亨德尔的清唱剧，受到德国作曲家巴赫的指导，并在这里出版了 6 首古钢琴和小提琴奏鸣曲、3 部交响乐及 1 部包括 43 首小型作品的曲集。在

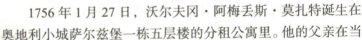

年轻的莫扎特在演奏风琴

意大利，他聆听了著名的多声部合唱《赞美歌》后，竟凭记忆写出了全部多声合唱的总谱，因此罗马教皇授予他"金距轮"奖章和骑士称号。1770年8月，鲍伦亚音乐学院又授予他院士的称号。同年12月，莫扎特的歌剧《米特利达特·黑海王》在米兰歌剧院上演成功，他终于实现了自己钟爱的歌剧梦想。

1772年，16岁的莫扎特终于结束了长达10年之久的漫游生活，回到家乡萨尔斯堡，在大主教的宫廷乐队里担任首席乐师。尽管莫扎特享有极大的荣誉，可在大主教眼中，他不过是一个普通的奴仆。

莫扎特是名副其实的"音乐神童"，他13岁时就创作出了80多首曲子，每次演奏都有许多观众。图中演奏风琴者就是莫扎特。

1781年6月，莫扎特与大主教公开决裂，成为欧洲历史上第一位公开摆脱宫廷束缚的音乐家。在当时的社会条件下，这种举动无疑极其大胆而英勇。因为，这意味着艰辛、饥饿甚至死亡。

1785年，莫扎特读了一本名为《费加罗的婚礼》的小说后，难以抑制自己激动的心情，于1786年全速谱写《费加罗的婚礼》，用其美妙的音乐手法描写了剧中平民与贵族之间新颖有趣的情景，这部社会性喜剧对封建贵族制度的揭露和讽刺起着很大的作用。

1788年，莫扎特回到维也纳，他在不到几个月的时间内，创作出了最后3部交响曲——《降E大调交响曲》《G小调交响曲》和《朱庇特交响曲》。这些曲子拥有成熟丰富的灵感构思，是莫扎特最能给听众以感官享受的作品，也是他的巅峰之作。

1791年深秋，在完成最后一部歌剧《魔笛》后，莫扎特不顾重病，凭着一股狂热的干劲开始创作大型宗教音乐作品《安魂曲》。然而，他还没写完，健康状况就迅速恶化。1791年12月5日，年仅35岁的莫扎特离开了这个世界。

人格最珍贵

莫扎特与大主教公开决裂后，父亲劝他向大主教赔礼道歉，重归于好，可是莫扎特断然拒绝。他在给父亲的回信中写道："我不能再忍受这些了。心灵使人高尚起来。我不是公爵，但可能比很多继承来的公爵要正直得多。我准备牺牲我的幸福、我的健康以至我的生命。可是，我的人格，对于我，对于你，都应该是最珍贵的！"

道尔顿

John Dalton 近代原子学说的创始人

道尔顿是英国物理学家、气象学家、著名化学家。他首创了用化学元素符号表示元素，并制造了世界上最早的原子量表。此外，由于他的提议，使得人们开始对色盲症进行研究。道尔顿用勤奋努力的汗水，奠定了他在世界科学史上的里程碑地位。

道尔顿既具有敏锐的理论思维头脑，又具有卓越的实验才能，尤其是在对原子的研究方面取得了非凡的成果，成为近代化学的奠基人。

艰苦奋斗、追求科学真理是道尔顿一生的写照。他性情孤独，沉默寡言，然而对科学却一往情深。在 50 多年中，他完成著作 50 多部，发表科学论文 116 篇，是科学界的"常青树"。

1766 年 9 月 6 日，约翰·道尔顿出生在英国坎伯兰的伊格尔斯菲尔德村。他的父亲是一名纺织工人，养活着 6 个子女，家庭十分拮据。由于交不起学费，道尔顿被迫中途辍学，从 12 岁开始在教会学校教书，同时受雇干农活。1781 年，15 岁的他应表兄之邀，在表兄办的学校里做助理教师，几年后，表兄退休，道尔顿接替了校长的职务。在此期间，道尔顿在学者豪夫的辅导和鼓励下，学到了许多科学知识。同时，他开始对自然界进行观察，搜集动、植物标本，特别是每天详细记录气候变化。这为他日后从事科学研究打下了坚实的基础。

1793 年，道尔顿出版了他的第一部科学著作《气象观测文集》，对气象学的发展起了一定的启蒙作用。同年，曼彻斯特文学哲学学会创办的新学院聘道尔顿为讲师，讲授数学和自然哲学。曼彻斯特交通便利，文化发达，在这里很容易接触到新知识，加速了道尔顿在科学上的成长。然而，这所新学院只看重道尔顿的名声，却无意于培养他，安排给他的教学任务很重，根本没有时间从事科学研究，道尔顿为此非常烦恼。于是，他于1799年毅然辞掉了讲师的职务，租房建立了自己的实验室，并一边学习研究，一边招收了几位学生私人授课。在这里，道尔顿完成了原子论的实验证明和他的名著《化学哲学新体系》。

道尔顿凭着敏锐的科学头脑和卓越的实验才能，将原子学说引入科学主流，指导化学走出了杂乱的、纯属描述自然现象的阶段，进入了现代化学的新时代，而且为整个自然科学的发展提供了重要的基础，将人们带入了一个真空的原子世界。

道尔顿的实验室里摆放着许多自己吹制出来的玻璃器皿，被他视为珍宝，呵护备至。

由于化学原子论的创立，道尔顿赢得了许多荣誉。1816年，他被选为法国科学院通讯院士；次年，又被选为曼彻斯特文学哲学学会会员；1822年，被选为英国皇家学会会员；1826年，英国政府授予他金质奖章；1832年，牛津大学授予他最高荣誉——法学博士学位。此外，他还被柏林学院和慕尼黑学院选为名誉院士。

道尔顿的一生是清苦的，他终生没有结婚，完全将生命献给了崇高的科学事业。1837年，道尔顿患了轻度中风，行动不方便，但他仍坚持做实验并继续教课。1842年，已经76岁的道尔顿最后一次参加英国科学促进会的年会。当会员们关切地询问他的身体状况时，他说："我还能做化学实验，不过每一次实验所费的时间，要比过去多三四倍；我的计算能力虽然衰退，算起数来很缓慢，但还能计算。"

1844年7月27日清晨，道尔顿在笔记本上记录了当时的气压和温度，在"微雨"两字之后，滴下了一大滴墨水，他的手腕再也握不住笔了。次日清晨，道尔顿带着淡淡的微笑走完了自己忙碌而充实的一生。

长筒袜的启示

有一年圣诞节，道尔顿买了一双蓝灰色的长筒袜子送给母亲，而母亲却说是红色的，这引起了道尔顿的深思。他做了几十种实验，终于查明，有的人根本就不能分辨颜色。1794年，道尔顿把这一发现写成论文《关于各颜色显现程度的反常事例》，开创了人们对色盲的研究。直至今日，英文色盲仍然以他的姓氏——Daltonism一词表示。

拿破仑
Napoleon Bonaparte 叱咤欧洲风云的枭雄

拿破仑是人类历史上最具魅力的狂飙人物，他是杰出的政治家和军事家，法兰西第一帝国的创建者，历史因他而显得分外精彩。他颁布的《拿破仑法典》，确立了资本主义社会的立法规范，至今仍是大多数国家法律的蓝本。

拿破仑是最受崇拜的历史人物之一，也是最令人热血沸腾的人物，因为他是一位无与伦比的天才军事家。拿破仑的一生几乎都是在战争中度过的，他从一个不起眼的科西嘉岛民，一跃成为世人瞩目的法兰西帝国的缔造者，叱咤欧洲20余年。他因为出色的作战才能而成为杰出的政治军事家，并跻身皇帝之位，又因作战失败而退位和流放。但无论是功与过，还是成与败，法国人，乃至全世界人都会经常提起他，赞颂他。

1769年8月15日，拿破仑·波拿巴出生在科西嘉岛阿雅克修城一个贵族家庭。他从父亲那里继承了机智与敏捷，从母亲那里继承了骄傲、勇敢和细心。家族的辉煌与荣耀促使拿破仑从小就立志做一个不平凡的人。

1779年，拿破仑被送入布列纳军事学校学习。1784年10月，又进入巴黎军校学习，专攻炮兵学。在军校学习期间，拿破仑尤其喜爱学习数学、军事和历史。1785年9月，从巴黎军校毕业后，拿破仑任炮兵少尉，在法国南部炮兵团服役。4年后，法国大革命爆发，在其后几年中，新的法国政府陷入了数场对外战争中。

在1793年的土伦包围战中，拿破仑首次展示了自己的军事才能，他将英军赶出土伦，被雅各宾政

🌿 拿破仑执政时的英姿

府破格提升为准将。1799 年 11 月 9 日，在多数督政官的支持下，拿破仑发动了"雾月政变"。之后，由西哀耶斯、罗热·迪科与拿破仑同为临时执政，12 月，颁布共和八年宪法，新宪法规定"拿破仑公民为第一执政"。1802 年 8 月，元老院同意拿破仑为终身执政。1804 年 11 月 6 日，法兰西共和国改为法兰西帝国，拿破仑为法兰西皇帝，称拿破仑一世，同年 12 月 2 日，拿破仑一世加冕称帝。

　　随着法兰西帝国的强盛，拿破仑将反封建的民族战争转变为对外掠夺其他民族的侵略战争。1806 年 11 月 20 日，他颁布大陆封锁令，对英国实行全面封锁。1807 年 11 月，又率领大军强占葡萄牙，由此引起了 1808~1814 年的反抗拿破仑的西班牙战争。1808 年 3 月，拿破仑率领数万法军进军西班牙首都马德里。5 月 2 日，马德里人民举行起义，7 月 19 日，两万法军在拜兰投降。1812 年 6 月 24 日，不吸取失败教训的拿破仑又开始入侵俄罗斯帝国，9 月，数十万法军占领了莫斯科，但俄国人民奋起反抗，拿破仑军队几乎全军覆没。

　　1814 年 3 月 31 日，反法联军攻占巴黎，法兰西第一帝国土崩瓦解，拿破仑被流放至地中海的厄尔巴岛，他 3 岁的幼子继承了皇位。

　　1815 年 3 月 20 日，这个军事天才再次创造了历史罕见的奇迹，他不费一枪一弹攻进了巴黎，重新登上皇帝宝座，开始了他的百日统治。欧洲各国又组成了第七次反法同盟。1815 年 6 月 18 日，法军在滑铁卢战役中兵败，拿破仑再次退位，被流放到大西洋圣赫勒拿岛。

　　1821 年 5 月 5 日，圣赫勒拿岛上掀起了最猛烈的风暴，太阳落山时分，拿破仑停止了呼吸，终年 52 岁。1861 年 4 月，拿破仑一世的灵柩被安置在巴黎的圆顶大堂。

图中描绘的是马仑格战役。拿破仑领导下的法军冲锋陷阵，最终击败了奥地利军队。

拿破仑与卫兵

　　在一次行军途中，拿破仑的贴身警卫为了救拿破仑而不幸落马。他整个身子落入悬崖，幸亏一根树枝挂住了他的衣袖，才没有跌入万丈深渊。生死之际，卫兵拼命呼喊拿破仑救命，而拿破仑看了一眼结实的树枝，突然举起枪对准卫兵的脑门，厉声吼到："你若不自己爬上来，我就一枪打死你！"卫兵见求救无用，只好尽力自救，于是使用全身力气一跃，终于攀上了悬崖。

贝多芬

Ludwig Van Beethoven **音乐大师**

贝多芬是音乐史上最伟大的音乐家之一，为世界留下了许多具有深远影响的作品。同时，他也是一位昂扬的斗士，贫穷、疾病、孤独伴随他的一生，但他却用痛苦给世界创造了欢乐。人类将永远铭记这位音乐奇才。

路德维希·凡·贝多芬于1770年12月16日生于德国科隆附近的波恩，父亲是一个天性顽劣而酗酒的男高音歌手，母亲是一个富人家的仆人。贝多芬在很小的时候就展示出了极高的音乐天分，但生活的重担让他过早地承担了家庭的责任。

贝多芬17岁时，母亲去世，他担负起了照顾两个弟弟的责任。不久，欧洲大革命爆发了。贝多芬当时处于音乐的尝试期，从革命的浪潮中获得了很多启发，他读了荷马、莎士比亚等伟大作家的作品，并把这些人文思想运用到自己的音乐创作中。22岁那年，他离开了波恩，前往音乐之都维也纳。那时他变得很自信，经常出入贵族家庭演奏音乐，在经济上已经完全独立了，并且得到了人们的尊重，他尽情地享受着音乐带给他的快乐。从维也纳开始，贝多芬走上了一条通往成功的路。

后来，他师从音乐家海顿，但他在海顿身上获得的东西是基于友谊上的帮助和艺术上的立场，他没能从海顿那里学习作曲，因为海顿无法教给他音乐创作之类的东西。所以，他又跟约翰·舒乃克学习作曲方法，为他的音乐创作奠定基础。

贝多芬在维也纳的头10年，创作出了一些名曲。这一时期，他对社会和政治等问题又有了进一步的了解，并且能在音乐中得以充分表达。虽受耳疾的困扰，但他仍然没有放弃对音乐的追求。1801年，他爱上了朱丽埃塔·圭恰迪妮，为她作了那首著名的《月光奏鸣曲》，而自己的残疾和圭恰迪妮的稚气与自私

贝多芬代表着一个时代的最强音

优美的田园风光给了贝多芬无限的灵感，图为贝多芬在田园里创作《第六交响曲》时的情景。

并未使他们结合，这些都使贝多芬苦恼。

1802 年的夏季，贝多芬去海林根城度假，这一时期他开始向命运抗争，《第二交响曲》就在这样的情况下完成。他的创作热情继续高涨，他将自己所独有的坚毅精神表现在《第三交响曲》（即《英雄交响曲》）中，这首交响乐就像贝多芬个人经历的一部自传。

1807 年末至 1808 年初，贝多芬完成了自己最为著名的作品之一《第五交响曲》（即命运交响曲》）。他在交响曲第一乐章的开头，便写下一句引人深思的警语："命运在敲门"，并被世人引用为本交响曲具有吸引力的标题。这首乐曲声望非常高，演出次数颇多，可谓交响曲之冠。1808 年，他的另一部代表作《第六交响曲》（即《田园交响曲》）问世，整首曲子朴实无华，宁静而安逸，得到了听众的大力赞扬。

1810 年，贝多芬爱上了茜丽柴·玛尔法蒂，并为她写了一首独奏的钢琴小品《A 小调巴加泰勒》，这就是后来著名的钢琴曲《致艾丽丝》。爱情的狂热为贝多芬带来了灵感，《第七交响曲》和《第八交响曲》就是在这样的状态下完成的。

当贝多芬创作最为辉煌的《第九交响曲》（即《欢乐颂》）时，他的耳朵已经全聋，身体状况十分恶劣，但他以超人的毅力，用 6 年的时间将此作品完成。《第九交响曲》的胜利，在贝多芬的心中留下了光荣的标记，因此，他在此后几年的音乐创作中，每支曲子都以一副新的面目呈现在世人面前。

贝多芬虽然一生都受疾病的折磨，但他却在痛苦中寻找欢乐，为我们留下了许多不朽的音乐作品。1827 年 3 月 26 日，贝多芬永远闭上了双眼，他终于脱离了疾病的缠绕，同时也不得不与钟爱一生的音乐挥手告别。

扼住命运的喉咙

当贝多芬真切地感觉到自己的耳朵越来越聋时，他几乎绝望了。起初，只有几位好朋友知道他的不幸。他放弃去听他喜爱的音乐会，他怕人们注意到他的耳聋，以为一个听不见声音的音乐家是写不出好作品来的。后来，他想起自己想写的一切音乐，"不！我要扼住命运的喉咙，它休想让我屈服。"也许对他来说，在耳聋的时候创作音乐并没有别的音乐家那么难。在他看来，音乐不仅是用迷人的声音安排各种主题或音型，它也是表现深刻思想的一种语言。

安 培

Andre-Marie Ampere

电动力学的先创者

我们所熟知的安培是表示电流强度的单位，它是以法国的物理学家安培的名字命名的。安培在他的一生中，只有很短的时期从事物理工作，可是他却能以独特、透彻的分析，论述带电导线的磁效应，因此被称为"电动力学的先创者"。

安培 1775 年生于法国里昂一个富商家庭，他天资聪明，被人称为神童，早在 12 岁时，就已显现出很高的数学天赋。他跟随著名数学家拉格朗日学习数学，很快掌握了丰富的数学知识，并且在哲学、历史、文学等方面都有着较深的造诣。

🖋 安培不仅在电磁作用方面的研究成就卓著，而且在数学和化学方面也作出了贡献。

然而，法国大革命的到来中断了安培平静的少年生活。1793 年，他的父亲在大革命中被处死，年仅 18 岁的安培失去了生活的依靠，不得不一边工作一边学习。后来，他成为一位教员，教授中学物理和数学。

安培 24 岁时又受到了一次打击，他的妻子因病去世。在很长的一段时间里，安培非常绝望，他变得消沉、忧郁。"真正的英雄绝不是没有卑下的情操，只是永不被卑下的情操所屈服罢了。"这位天才的物理学家最终走出了悲伤的阴影，重新振作起来。他离开了里昂那个令他伤心欲绝的地方，前往巴黎，开始系统地进行科学研究。

丹麦物理学家奥斯特在 1820 年 4 月的一次晚间讲演中，无意之中将灵敏的指南针放在了一条非常细的铂导线下边。接通电源的瞬间，奇迹出现了：磁针竟然晃动了一下。奥斯特惊喜万分，又反复实验，他发现磁针在电流周围都会偏转，于是发表了《关于磁体周围电冲突的实验》的论文，向学术界宣告了电流的磁效应，引起了世界物理学界的震动。

安培深受奥斯特的启发，多次重复了奥斯特的实验，终于发现了电流的方向和它产生的磁场方向有着一定的关系，可以用右手来表示它们之间的关系，这就是著名的右手定则。

安培的可贵之处，就在于他善于思索。当他发现了电流的方向和它产生的磁场方向的规律后，他又设计了一个实验，证实了两股电流各自产生的磁场也会相互施加作用力，并且推断出作用力的数学计算方法，这就是我们今天熟知的安培定律。

图为安培计，也称安培表或电流表，是用来测量电路中电流强度的仪器。

此后，安培又研究了通电螺线管的特性，为现代电磁铁的制作提供了原型。

1821年，安培进一步提出了分子电流假说。新学说在当时却不为人所重视，因为还没有人能够站在这位科学巨匠的高度去认识物质的电结构。但是70年后，随着科学的进一步发展，人们终于证实了安培的假说，从而揭开了磁现象的电本质。

1827年，安培出版了他的《由实验导出的电动力学现象的数学理论文集》一书。这是电磁学史上一部重要的经典论著。在书中，他系统地提出了"电动力学"的概念，并引进了"电静力学"的概念来总结过去关于静电荷的研究，并且一直被沿用到今。

1836年6月10日，安培在因公前往马赛的途中不幸去世。因为他发现了电流的磁效应，所以使测量电流的大小成为可能，从而使电动力学真正走上了定量实验的发展道路。人们为了纪念他在电学上的贡献，将电流强度的单位命名为"安培"，使其名垂青史。

会移动的"黑板"

一天，安培在街上行走，走着走着想出了一个电学问题的算式。当他正为没有地方运算而发愁时，突然看见面前有一块"黑板"，于是迅速拿出随身携带的粉笔，在上面运算起来。那"黑板"原来是一辆马车的车厢背面，马车走动了，他也跟着走，边走边写。马车越来越快，他就跑了起来，一心一意要完成他的推导，直到他实在追不上马车了才停下脚步。安培的滑稽行为，使街上的人笑得前仰后合。

达盖尔

Louis Jacques Mandé Daguerre **摄影之父**

达盖尔是法国发明家，他拍摄出了世界上第一张光学照片。艺术家的气质和执著的追求成就了达盖尔事业的成功，他为摄影史开启了光辉的一页。

🌸 图为达盖尔银版相机

浪漫而富有艺术气质的法国人在 18 世纪时，一直致力于摄影技术的研究，达盖尔的出现让这一美丽的梦想变成了现实，使摄影技术深入人类生活的方方面面。

1787 年 11 月 18 日，雅克·达盖尔出生在法国巴黎附近的高梅依里，这是一个到处充满艺术元素的城市，他在这里度过了自己的童年生活。1803 年，他来到法国巴黎歌剧院给总设计师当助手，后来又给全景画家作助手，在外出写生时，他也经常使用当时很流行的针孔暗箱。并且，他还设计出一种"暗箱式万花筒"，把暗箱的原理应用到剧场的布景设计上，他把风景画通过阳光映在幕布上。后来，他在暗箱里装上磨光镜头和反射镜，使幕布上的布景更加逼真动人，他一直想把影像永远固定在幕布上，于是在这个方面不断做着研究和试验。

因为达盖尔只接受过有限的正规教育，缺乏物理和化学知识，所以研究进展缓慢。1827 年，一位名叫尼普斯的科学家发现了一种显影的方法：将沥青和薄荷油混合液涂在金属板上，但是这种方法不易获得成功。达盖尔在借鉴尼普斯成功经验的基础上，对感光材料和摄影术进行着不断的研究。1835 年，达盖尔取得了革命性的突破，他将一块进行过化

🌸 达盖尔银版法，又称银版照相法，人们公认它是照相的起源。原理是在研磨过的银版表面形成碘化银的感光膜，于 30 分钟曝光之后，靠汞升华显影而呈现图像。

学处理的银板放入照相机，
没等影像在板上出现，就马
上把它抽出来，放到水银蒸
气中显影，影像很快就出现
了。这次虽然取得了成功，
但影像却不能永久保存。
1837年，他将这套方法的知
识产权卖给了法国政府，从
而阻止了这项发明自由地流
入世界，达盖尔也因此受到
了法国政府给予的终生补助。

图为达盖尔拍摄出的人类历史上第一张照片

1838年，达盖尔在铜板
上涂上碘化银，成功地研制
出了摄影技术上最早的银板感光材料。但是，显影技
术的研制虽然花费了达盖尔很多的时间，而最终的成
功却源于一次偶然的发现。1839年的一天，达盖尔
正在用碘化银薄片在太阳下感光，忽然间风云突变，
满天的乌云遮住了太阳。无奈之下达盖尔只好将这张
感光不足的薄片暂时放进了一个装着各种化学药品的
箱子里。3天后，当他再次准备将薄片感光时，却惊
奇地发现薄片显示出了非常清晰的图像。经过仔细的
观察和分析，他终于找到了答案：原来是从打碎了的
温度计里流出了一些水银，散落在药柜里，正是这些
水银起了显影的作用。经过反复试验，达盖尔终于证
实了自己的猜想。于是他将碘化银薄片进行短时间的
感光，再用少量水银显影，最后使用苏打碱溶液冲洗
定影，就获得了清晰的照片。经过多年的研究，达盖
尔终于发明了完整的摄影技术。

1839年8月15日，达盖尔向法国社会各界展示
了他拍摄出来的世界上第一张光学照片，整个巴黎立
即被轰动了。退休以后，他一直研究轻便快速的感光
版。1851年，达盖尔在法国去世。

如今，摄影技术已经被广泛运用于每一个科研领
域，在工业和军事上都有着许许多多的应用，是人类
历史上最具有实际意义的发明。

后期不断完善

使用达盖尔方法，图
像就被记录在镀有碘化银
的平板上，曝光时间需要
15分钟，这种方法虽然麻
烦，但是却具有实用价值。
这个方法在人们的建议下
加以修正：在用作感光物
质的碘化银里加入溴化
银。这个小小的修正发挥
着重要的作用，大大缩短
了所需的曝光时间，使摄
影术广为使用。

法拉第

Michael Faraday 电磁学的奠基人

法拉第是英国著名的科学家，他一生并未受过正规教育，但却凭借着自己的勤奋努力和不懈追求最终带给了人类许多化学、电化学、电磁学等领域的新发现。历史将永远记住这位伟大的科学家。

法国作家大仲马这样评价法拉第："他的为人异常质朴，爱慕真理异常热烈，对于各项成就，满怀敬意；别人有所发现，力表欣羡，自己有所得，却十分谦虚。"

1791 年 9 月 22 日，迈克·法拉第出生于英国伦敦郊区的纽因顿。由于家境贫寒，法拉第 13 岁就开始帮助父亲做铁匠工作。当时英国的图书出版业很发达，因此，图书装订行业收入颇丰，于是父亲后来将法拉第送到书店当学徒。乘此机会，法拉第在工作之余完全沉浸在读书的乐趣之中。

学徒期满的法拉第在一家印刷店里当装订工。一个很偶然的机会，他得到了一张科学演讲会的入场券，会场设在皇家学院，演讲者则是当时名气很大的戴维。戴维的雄辩口才和卓越才华深深地吸引了法拉第，他发现自己竟然能听懂戴维的演讲，这让他很兴奋。至此，法拉第决定离开印刷店，投身科学。于是他给皇家学会写了一封信，希望能到皇家研究院的实验室里工作，但信寄出后一直没有消息。后来他得知戴维在一次实验中炸伤了眼睛，需要一名抄写员帮他整理实验记录和文稿，便争取到了这份工作。戴维眼伤恢复后，法拉第又回到期刊装订部工作。

1813 年 1 月，法拉第又大胆地给化学

✿ 图为法拉第在进行实验演示讲座

家戴维写信，并把自己曾抄得很工整的演讲记录寄给他。戴维很快回信给他，并竭力推荐他去皇家学院的实验室，至此，科学的大门终于向他打开了。后来，法拉第同戴维夫妇去欧洲考察，在近两年的考察中，他眼界大开，获得了许多教育之外的东西，为他在事业上的成功奠定了坚实基础。回国后，他继续投入研究中，1816年起，他连续3年发表了18篇论文，在科学界崭露头角。

法拉第在皇家学院的实验室内进行实验研究

1821～1831年，法拉第重点研究怎样将磁变成电的问题。他在研究中发现，变化的磁场在导体中能够产生电流，这个发现被称为电磁感应。既而，法拉第对牛顿的"空间除了粒子以外什么也没有"的说法表示怀疑。他在一根磁棒周围撒了一些铁屑，铁屑被磁化成无数个小磁针，它们所指示的方向都是磁棒周围对着磁棒作用力的方向，因各点方向不同，所以形成一条条的曲线。法拉第把这些曲线叫做"力线"，并用实验证明，两个磁极之间的空间充满着力线，他把这个充满磁力线的空间称为"磁场"。现代化的发电机都是根据法拉第的电磁感应原理制成的。

此外，法拉第在化学方面也作出了不少贡献，他发明了使气体液化的方法，成功地液化了氯气，接着又实现了硫化氢、二氧化氮等气体的液化。在电化学的方面，法拉第更是做出了开创性的工作，电解、电极、阳极、阴极等名词都是由法拉第最先提出的。

法拉第一生的发明、发现共计158项。然而，面对接踵而来的各种荣誉，他始终虚怀若谷。1867年8月25日，法拉第去世，永远离开了他热爱的科学领域。遵从他的遗愿，墓碑上只刻有他的姓名和生卒日期，但是这足以使生活在电气时代的人们永远记住他！

"我是一个普通人"

法拉第生活简朴，不贪图名利和荣华富贵，因此有人到皇家学院实验室作实验时错把他当作守门的老头。1857年，皇家学会学术委员会一致决议聘请法拉第担任皇家学会会长。然而，他对这一荣誉职务却再三拒绝。他说："我是一个普通人，如果我接受皇家学会希望加在我身上的荣誉，那么我就不能保证自己的诚实和正直，连一年也保证不了。"

巴尔扎克

Honore de Balzac **法国大文豪**

巴尔扎克是 19 世纪现实主义文学最杰出的作家之一，他的许多经典名著已成为世界文学史上不朽的作品。恩格斯曾经这样评价巴尔扎克："我认为他是比过去、现在和未来一切作家都要伟大的现实主义大师。"

巴尔扎克是欧洲批判现实主义文学的奠基人和杰出代表，他生活在法国大变革、大动荡时期，因此，他的作品大都表现那个时期人们的生活，揭露了资本主义的罪恶以及人与人之间赤裸裸的金钱关系。

1799 年 5 月 20 日，天才作家奥瑙利·德·巴尔扎克诞生于法国中部的图尔城，父亲是 1789 年法国大革命后的暴发户，母亲是巴黎银行家的女儿。巴尔扎克一出生便生活在法国大动荡、大变革时期，他经历了拿破仑执政、波旁王朝复辟、第二共和 3 个时期。家庭环境和社会环境为他以后的文学创作提供了丰富的素材。

巴尔扎克中学毕业之前一直寄住在外，没有母爱和家庭温暖的童年生活使巴尔扎克刻骨铭心。1814 年，他随同全家迁居巴黎，两年后，巴尔扎克考入巴黎大学法律系。在大学期间，巴尔扎克阅读了大量的书籍，其中包括历史、哲学、文学等。巴黎的生活扩大了巴尔扎克的视野，使他看到了法国资本主义社会的罪恶。大学毕业后，他不顾父母反对，毅然放弃了律师的风光职业，而选择了艰辛的文学创作道路。但是文学并不能让他过上衣食无忧的生活，从 1825

1807 年，8 岁的小巴尔扎克被送往旺多姆的一所寄宿学校。在旺多姆学校，小巴尔扎克接受了 6 年僧侣式的教育，由一个面颊红润的孩子变成了一个身体瘦弱、神经紧张的半大小伙子。

年起，为了能发大财，巴尔扎克经营印刷厂，办书局，开银矿……结果，他债台高筑，被警察四处搜捕，走投无路时，他又开始回到文学创作中。

1829 年，巴尔扎克完成了一部历史小说《朱安党人》，这是他的第一部重要作品，也是《人间喜剧》的第一部，标志着巴尔扎克的创作风格开始从浪漫主义转变为现实主义。1830 ～ 1831 年，巴尔扎克创作了 23 部小说，著名的有《苏城舞会》和《驴皮记》。此外，他还写了近 200 篇杂文、小品、随笔、政论等，巴尔扎克一时成了巴黎家喻户晓的人物。长篇小说《欧也妮·葛朗台》的发表则标志着巴尔扎克现实主义创作方法走向成熟。

1833 年，巴尔扎克与出版商签订了 12 卷《19 世纪风俗研究》合同，即《人间喜剧》的最初构想。此后的近 20 年是巴尔扎克创作的巅峰时期。在这段时期里，他以超人的毅力和才智，夜以继日地进行创作，终于完成了一部规模空前，内容丰富的惊世之作——《人间喜剧》。这部作品写尽了法国人民生活的各个层面，被称为"社会生活的百科全书"，为后人研究分析变革时期的法国社会提供了丰富的素材，是欧洲文学史上一座不朽的丰碑。同时，《人间喜剧》的序言是一篇创作宣言，是巴尔扎克现实主义创作理论的结晶，也是人类文化史、思想史上划时代的经典文献。

巴尔扎克在晚年还创作了《幻灭》第三部、《贝姨》《邦斯舅舅》等十几部小说，其中《贝姨》是他晚年的杰作。

1850 年 3 月 14 日，巴尔扎克与德·韩斯迦夫人在乌克兰举行了婚礼。然而，同年的 8 月 18 日，51 岁的巴尔扎克在巴黎病逝，被安葬在拉舍兹神甫公墓。

《欧也妮·葛朗台》插图

以苦为乐

有一天晚上，巴尔扎克发觉有个小偷正在翻他的抽屉，不禁哈哈大笑。小偷问道："你笑什么？"巴尔扎克说："真好笑，我白天翻了好久，连一法郎也找不到，你在黑夜里还能找到什么呢？"小偷自讨没趣，转身就要走。巴尔扎克笑着说："请你顺手把门关好。"小偷说："你家徒四壁，关门干什么啊？"巴尔扎克幽默地说："我的门不是用来防盗，而是用来挡风的。"

普希金
Alexander Pushkin 俄国文学之父

普希金是俄国文学史上最伟大的作家，他在诗、小说等文学领域中有诸多经典的作品。富有开创精神的一生使他成为俄国人民永远崇拜并引以为荣的艺术之神和民族之魂。

普希金于1799年6月6日诞生在莫斯科一个家道中落的贵族家庭，他的父亲热爱诗歌艺术，母亲是一个混血儿，普希金的童年是在一个充满文学气息的氛围中度过的。

1801年，俄国新沙皇亚历山大一世上台，他吸取前任教训，放松了外国书刊进入俄国的检查，并开办了一些新的高等学校，欧洲思潮和文学思潮大量涌入，因此俄国出现了一次小小的"文艺复兴"。1811年，普希金在皇村中学上学，在学校里他接受了进步教师所传播的先进思想，并逐渐形成自己的政治观点和文学观点。在校期间，普希金经常和同学们一起写诗，成为公认的最有才华的诗人，此间他发表了第一篇诗作《致诗友》。

毕业后，普希金被分配到外交部任职。但他无意仕途的腾达，一心扑在了文学创作上，写了一系列的政治抒情诗。《自由颂》是他这一时期的著名作品，但在当时并未发表，因为里面有让沙皇感到害怕的诗句，不过它以手抄本的形式在社会上广为传诵。

🌿普希金有着卷曲的黑发，突出的前额，微黑的脸庞，炯炯有神的眼睛，南北血缘的交融为俄国孕育出了这位最伟大的天才诗人。

1818年，普希金创作了一首著名的政治抒情诗——《致恰达耶夫》。这首诗是献给皇村时他结交的挚友恰达耶夫的，诗中充满了爱国主义激情，它所表达的已不再是诗人个人的情感，而是一代革命青年的共同心声。

普希金的政治诗在社会上产生了巨大影响，引起了当局的注意，他被流放到了南方。4年的流放生活唤起了他强烈的创作欲望。其中《高加索的俘虏》《强盗兄弟》《巴赫契萨拉依的喷泉》是他浪漫主义诗歌的杰作。1826年12月，普希金为西伯利亚苦役犯写了一首著名的诗——《寄西伯利亚囚徒》。1900年，列宁曾在《火星报》上把诗中的第二句用作刊头词，在中国，则将它译成"星星之火，可以燎原"。

1827年，普希金完成了浪漫主义叙事长诗《茨冈》，这首诗表现了诗人对自由的赞美，是俄国文学中积极浪漫主义的巅峰之作，标志着诗人的创作由浪漫主义向现实主义的过渡。诗体小说《叶甫盖尼·奥涅金》创作于1823年冬天，直到1830年秋才完成。这部作品以它新颖的题材、灵活的结构、丰富多彩的语言在世界文学史中占据着重要的地位。1831年，普希金与美丽的冈察洛娃结婚。此间，他创作了历史小说《上尉的女儿》，这部小说是他的"压卷之作"，具有很高的文学价值，成为世界古典文学中的经典之作。

长期以来，普希金猛烈抨击沙皇专制制度，引起了贵族们的强烈不满，他们采用各种手段对他进行打击报复。一次，他们让冒险家乔治·丹特士设下圈套，使普希金卷入一场决斗，最终普希金倒在了他的枪下。1837年1月29日，这位伟大的诗人因为负伤失血过多，永远离开了人世，年仅38岁。"俄国诗歌的太阳沉落了。"他的早逝令俄国进步文人大为感叹。

图为1811～1817年的皇村中学。风光明媚的皇村，杨柳依依，舒适恬静的学习空间，给普希金留下了深刻的印象，并促使他完成了著名的长篇抒情诗——《皇村回忆》。

数学等于零

普希金小时候诗写得很好，数学却相当糟糕。当他发现老师讲解的几道四则运算题的最终结果都是零之后，无论解答什么数学题目，甚至连题目都不看一眼，就在等号后面写上零。老师对这个毫无希望的孩子说："去写你的诗吧！数学对你来说就意味着是个零。"普希金最后选择了写诗，但他成功了。

雨 果

Victor-Marie Hugo **文学巨匠**

> 在 19 世纪这个造就伟人的世纪，雨果是璀璨群星中最亮的一颗，他的文学成就超越时空，光耀历史。雨果的身上凝聚了一个时代的精粹。他的作品无论是从体裁的驾驭上，还是对事物的观察、分析上都成为文学中无与相媲的巨人。

雨 果是法国最杰出的文学大师，是法国积极浪漫主义的一面旗帜。在他 60 多年的创作生涯中，为世人留下了许多优秀的文学作品。

维克多·雨果 1802 年 2 月 26 日生于法国南部的欠尚松城，祖父是木匠，父亲是共和国军队的军官，曾被拿破仑的哥哥西班牙王约瑟夫·波拿巴授予将军衔，是这位国王的亲信重臣。雨果很小的时候，就对文学表现出了独特的敏感，他对拉丁文和西班牙语的熟悉速度异于常人。在崇尚"自由教育"的母亲的指导下，雨果阅读了大量伏尔泰、卢梭、狄德罗等人的作品，给他日后为自由而战作了理论铺垫。

✿ 雨果是 19 世纪浪漫主义文学运动领袖，人道主义的代表人物，被人们称为"法兰西的莎士比亚"。

1814 年，12 岁的雨果开始接受正规的学校教育。在学校里，他的诗歌创作得到了学监毕斯卡拉的赞赏。1820 年，年轻的雨果以出色的诗歌作品荣获了法国著名学府图卢兹学院的金百合花奖和金鸡冠花奖，而且还成为了学院中最年轻的院士。1822 年，雨果的第一部书《短歌集》出版，诗集的一版再版让雨果名利双收。几年之后，他完成了一部献给父亲的剧本《克伦威尔》，并为这本书撰写了序言。后来，由于作品的篇幅过长而没有搬上银幕，但这本书的序言却引起了强烈的反响。在序言中，雨果阐明了他的选择和立

❋《悲惨世界》插图

场，旗帜鲜明地向古典主义展开全面进攻，成为了浪漫主义运动的宣言。此后，他又发表了著名的诗集《东方集》，在画家和艺术家中引起了巨大轰动。1830 年，雨果的悲剧《欧那尼》上演，该剧在法兰西剧院连演 100 场，场场爆满。《欧那尼》的巨大成功，成为浪漫主义最后战胜古典主义的标志。

1834 年，雨果的小说《巴黎圣母院》轰动了整个欧洲文坛，它甚至对法国的建筑艺术也产生了深远影响，主人公卡西莫多、爱丝米拉达成为经典的艺术形象。1845 ～ 1848 年，雨果倾注全部精力来创作《悲惨世界》，但是后来由于战乱、流亡等原因，这项工作被迫停止。直到 1860 年，雨果对这部小说又开始了新一轮的创作，1 年之后，他终于完成了这部杰作。比利时书商阿贝尔·拉克卢瓦以 30 万法郎买下了此书 12 年的版权。《悲惨世界》共分 5 个部分，仿佛一部气势恢宏的史诗，这部作品是浪漫主义与现实主义的交融体，创作方法倾向于现实主义，小说也突出了浪漫主义的对比原则，夸张的人物塑造表达出浓郁的批斗效果。

晚年，雨果除发表《村园集》《祖父乐》《精神四风集》等诗集外，还创作了长篇历史小说《九三年》，该作品真实地表现出革命与反革命之间的残酷斗争。

1885 年 5 月 18 日，雨果染上了肺炎，肺部充血，病情严重，5 月 22 日下午 1 时 30 分，这位崇尚"自由、平等、博爱"的文坛巨星陨落。在弥留之际，他为世人创造了最后的佳句："人生便是白昼与黑夜的斗争。"

❋ 雨果与宪兵

雨果有一次出国旅行，到了某国边境，需要检查登记，宪兵问他："你叫什么名字？"雨果就如实说出了自己的名字。宪兵看了他一眼，继续问："那你是干什么的？以什么谋生？"雨果微笑着回答道："我是写东西的，主要以笔杆子为生。"于是，宪兵在登记簿上写道：姓名：雨果；职业：贩卖笔杆。

达尔文
Charles Darwin 进化论学说的创始人

达尔文是英国杰出的科学家,他是进化论的提出者。达尔文的进化论是科学史上一次革命,极大地推动了近代科学的发展。而他锲而不舍的钻研精神、实事求是的科学态度和生命不息、战斗不止的顽强毅力,也成为了人类追求真理的典范。

达尔文在生物学的发展史上最杰出的贡献就是提出了生物进化论,他首次把生物学完全放在科学的基础之上,冲破了生物学被神学所禁锢的堡垒,实现了生物学的伟大革命。进化论、能量守恒和转化定律及细胞学说被誉为 19 世纪自然科学的三大发现。

1809 年 2 月,查尔斯·达尔文出生在英格兰什罗普郡的什鲁斯伯里小镇。他的父亲是一位富有盛名的医生,他的祖父则是 18 世纪一位思想敏锐的哲学家、气象学家、博物学家、诗人和医生,也是进化论的先驱之一,曾写过一些以进化为主题的诗作。毫无疑问,达尔文日后能成为皇家学会的成员和科学进化论的创始人,与他家庭环境的熏陶是分不开的。

1825 年,16 岁的达尔文进入爱丁堡大学学习医学,后又被送到剑桥大学学习神学,但他最感兴趣的是自然科学,所以将大量的时间用于阅读自然科学书籍、采集和研究昆虫。在学习期间,他认识了植物学教授亨斯罗,这对他一生有很大的影响。亨斯罗教授经常带达尔文

图为当年发表在报刊上讽刺达尔文进化论的画

THE SURVIVAL OF THE FITTEST.

去野外考察，培养了达尔文的观察和研究能力。经过亨斯罗教授的推荐，达尔文于1831年以博物学家的身份参加了"贝格尔"号军舰的环球航行。这是他一生中最重要的一段经历，对他的事业起到了极为重要的作用。

晚年的达尔文在妻子埃玛的陪伴下显得安然而宁静

根据这次考察的结果，1837年7月，达尔文开始写第一本记录有关物种起源事实的笔记。他研究了大约150个品种的鸽子，并把这些家鸽与野生岩鸽在外部形状和骨骼构造等方面进行比较，形成了人工选择理论。这一理论启发了达尔文，经过深入分析研究，他终于提出了"自然选择"学说。这个学说是达尔文生物进化理论的核心部分。

1844年，达尔文写出了长达230页的《物种起源问题的论著提纲》，建立起了《物种起源》的主要框架。历经20年的艰辛创作，这部生物史上划时代的巨著终于在1859年11月24日问世。这本鸿篇巨作包含了14章的内容，援引了大量证据证明在自然选择作用下的物种进化规律，它通过家鸽与野生鸽子的比较，提出了"选择"的作用。随后他又将这种"选择"推及自然界，通过大量事实证明了"自然选择"对于生物进化的重要作用。

在这部巨著的附言中，达尔文写下了几句颇具预见性的关键语句，例如：所有的动植物也许都是从单一的原始种类遗传下来的。在当时这只不过是达尔文尝试性的结论，但100年后却得到了准确的证实。

达尔文在自传中写道："我一生中主要享受和唯一的职业就是科学研究，工作带来的兴奋使我有时忘记甚至驱走了平时困扰我的病痛。"的确如此，达尔文将一生都献给了科学事业。1882年4月19日，这位伟大的科研工作者平静地走完了自己的一生，并被安葬于牛顿的墓旁。

🌸 三只甲虫

达尔文读大学时最喜欢到野外采集标本。一天，他发现两只稀有的甲虫，喜出望外，便用两手各抓一只。没过多久，他又发现了第三种稀有的甲虫，可是他舍不得放走任何一种甲虫，于是把抓在手中的甲虫放在嘴里，腾出手去抓第三只甲虫。不料，嘴里的那只甲虫突然射出一股极辛辣的汁液，灼痛了他，他一张嘴，甲虫便落地跑掉了，再看第三只甲虫，也逃得无影无踪了。为了这件事，达尔文难过了好几天。

狄更斯
Charles Dickens 伟大的作家

狄更斯是英国历史上最伟大的作家之一，他是英国人民心中的一盏明灯，召唤着人们回到快乐和仁爱中来。狄更斯一生笔耕不辍，为我们留下了许多优秀的文学作品，在世界文学史上具有深远的影响。

查理斯·狄更斯于1812年2月7日出生在英国朴次茅斯一个海军军人家庭。由于父亲工作上的关系，全家人不得不随父亲屡次搬迁。狄更斯最幸福的童年时光，是在查塔姆·罗彻斯特度过的。

家庭条件尚好时，狄更斯在一位曾受过牛津大学良好教育的青年人办的学校里读书。这位老师很快发现了狄更斯的聪颖和勤奋，十分注意启发他的智慧。然而，不久之后因父亲工作变动，一家人又随着父亲搬回伦敦。此时，他的家境已渐衰落，最终贫困剥夺了他受教育的权利，但是好学的他在社会这所大学里也得到了丰厚的回报。

狄更斯最初在一家律师事务所里供职，在此期间，他对速记产生了兴趣，在他的刻苦钻研下，终于在这方面取得了突出的成绩。于是他辞去了律师事务所的工作，在博士公堂当了一名记录员。此间他爱上了一位银行家的女儿玛丽娅，然而玛丽娅却从未考虑过嫁给这个在她眼里毫无地位

图为狄更斯的长篇小说《大卫·科波菲尔》丹麦版的封面

狄更斯名著《远大前程》的插图

的年轻人。狄更斯经历了失恋的痛苦，发誓要改变自己的经济地位和社会地位。1832 年 5 月 7 日，他的理想终于实现了，他以《真正的太阳报》记者的身份出现在议会下议院的记者席上，曾经做记录员的经历为他的采访工作提供了有利条件。

工作之余，狄更斯经常写一些随笔。他的作品首先在《文学科学与美文学月刊》发表，此后他继续投稿，并署名"博兹"。他的随笔很快吸引了人们的注意，著名的出版商霍尔慕名而来，他很快被这位年轻作者的自信和才华所折服，于是他们开始合作。

1836 ~ 1837 年，狄更斯分期发表了他的第一部长篇小说《匹克威克外传》，并且大获成功。接着，他又创作了《雾都孤儿》，同样得到了读者的一致好评，这部小说的成功直接推动了社会的改良，这是其他小说家所不能企及的。1842 年，狄更斯前往美国进行访问，回国后，他将自己一路上的所见所闻写成了一部《美国札记》，为英国人带回了对美国更可靠的观感。

1859 年，狄更斯创办了《一年四季》周刊，为了打开周刊的销路，他为周刊写了一部连载小说《双城记》。这部作品构思奇巧，情节惊心动魄，直接源自他这个时期的感情。当时，他一方面坠入了与情人艾份的爱河，一方面承受着与妻子分手而遭到的谴责，他体会到了孤独和被人误解的痛苦滋味。《一年四季》因登载这部小说，销量逐渐上升，当时英国任何一份杂志都无法与之媲美。

狄更斯晚年居住在盖茨山庄，因为这是他小时候最喜欢的房子，是他"童年时代的梦"，在这里他尽情地写作。1870 年 6 月 8 日，狄更斯在用晚餐时倒在了地上，经医生诊断他患的是脑溢血，第二天晚上 6 时 10 分，狄更斯吸了一口气，一大滴眼泪从脸颊上淌了下来，他永远地闭上了眼睛。

特殊的职业

一天，狄更斯在河边钓鱼，一个陌生人问他："先生，你在钓鱼？""是啊！钓了半天没钓到一条。可是，昨天我在这里钓到了15条鱼。"狄更斯露出遗憾的样子。陌生人笑着说："你知道我是谁吗？我是这个地方管鱼的，这里严禁钓鱼！"说着掏出一个小本，准备记下狄更斯的名字罚款。"我是作家狄更斯，所以你不能罚我的款！""为什么？"陌生人好奇地问。"别忘了，虚构故事本来就是我的职业。"狄更斯得意洋洋地回答道。

莫顿

William Morton 麻醉剂的推广者

莫顿是美国的一位牙科医生，他为麻醉剂在外科手术的使用和推广方面作出了杰出的贡献，在医学发展史上占有极其重要的地位。正如他墓志铭中所写的：在他之前，手术永远是痛苦；在他之后，痛苦被科学征服。

莫顿的名字并不为大多数人所知，但他却是一位比许多其他著名人物影响要大得多的人，因为他是将麻醉剂引入外科手术中的重要人物。

1819年8月9日，莫顿出生于美国马萨诸塞州的查尔斯顿。年轻时他在巴尔的摩牙科学院学习，毕业后成为了一名牙外科医师。1842~1843年，他与霍勒斯·韦尔斯合伙开了一家牙医诊所。韦尔斯对麻醉法非常感兴趣，经过相当长时间的尝试，他终于发现一氧化氮在手术治疗中具有止疼作用，然而不幸的是，他在波士顿做的一次公开展示并不成功。

🌸 莫顿是世界上最早将乙醚麻醉用于外科手术的人

莫顿在长期的牙科治疗中，为了减轻病人拔牙时的痛苦，开始致力于麻醉的研究。他决心寻找一种新的、更有效的代用品来替换一氧化氮。在屡屡尝试失败的情况下，莫顿求助于波士顿的化学家查尔斯·杰克逊。杰克逊建议他用乙醚进行试验，莫顿听从了杰克逊的建议。他觉得乙醚很有可能就是自己需找的代替品，于是开始试验。

起初，莫顿先在动物身上试验，然后在自己身上做大胆尝试，都取得了很好的效果。后来，终于出现了一个在病人身上进行试验的绝好机会。1846年9月30日，一位名叫埃本·弗罗斯特的病人走进了莫顿的诊所，他牙痛难忍，愿意接受任何能够解除拔牙痛苦的办法。莫顿给他用了乙醚，很顺利地拔掉了他的病齿。当弗罗斯特恢复知觉后，他说他没有感觉到任何痛苦。再也没有比这更美妙的结果了，莫顿仿佛已经看到了成功和荣誉向他走来。

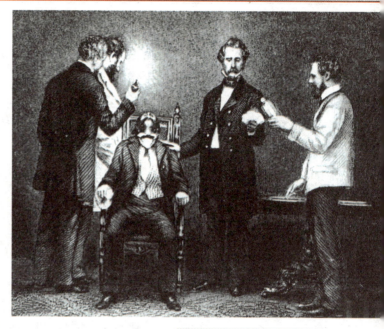

🌸莫顿正在人身上进行麻醉剂试验

虽然这次手术有人在现场观看，第二天波士顿的报纸也做了报道，但它并没有引起人们的广泛关注。为此，莫顿四处奔走，请求公众给他一个展示的机会。最终，波士顿马萨诸塞综合医院的高级外科医生约翰·沃伦博士给了他一个机会，让他在众多医生面前展示他"魔术般"的止痛方法。1846年10月16日，在马萨诸塞综合医院里，当着许多医生和医学院学生的面，莫顿为一个外科病人用了乙醚，然后沃伦博士为这位病人摘除了脖子上的肿瘤。在长达8分钟的时间里，整个世界都在屏息等待。手术成功了！这种麻醉法被证明完全有效，并且很快在外科手术中得到了广泛应用。

大获成功的莫顿，在手术后没几天就向美国专利局申请专利，他想借此专利发财致富，可是他没有料到，一场争夺专利权的战争也由此拉开了序幕。尽管莫顿的申请很快获得了成功，但杰克逊、韦尔斯和克罗福德·W·朗等人却极力反驳。

莫顿为了争夺使用乙醚麻醉的专利权，将他余生的全部时间都花在了代价高昂的诉讼中，但是大多数使用乙醚的医生和医院都没付给他任何专利税。长达20多年的诉讼，很快就耗掉了莫顿一生的积蓄。1868年7月15日，莫顿在穷困潦倒中去世，年仅49岁。

🌸克罗福德·W·朗

克罗福德·W·朗是传统上公认的第一个在外科手术上使用乙醚作麻醉剂的人。他早在1842年就已将乙醚用于外科手术，对一位病人施行颈部肿瘤切除手术。但是直到1849年，朗才公布他的发现，这比莫顿使用乙醚并使其在外科手术中的用途广为人知的时间要晚。

南丁格尔
Florence Nightingale 提灯天使

南丁格尔是现代护理专业创始人，她毕生致力于护理事业的改革与发展，取得举世瞩目的辉煌成就。这一切，使她成为令世人敬仰和赞颂的伟大女性。

在我们的印象中，医院的一切总是那么整洁、安静，而又安排得井井有条。身穿白衣的护士们从一张病床走到另一张病床，按照医生的指示护理着病人。这些勤劳的妇女通常都很镇静、友好和愉快，他们尽可能使病人的生活舒服，尽可能解除病人的痛苦。事实上，在一个半世纪前，情况就大不相同，而为促成这些变化做出最大贡献的人就是弗罗伦斯·南丁格尔，她被人们誉为"提灯天使"。

佛罗伦斯·南丁格尔 1820 年 5 月 12 日出生于英国一个名门富有之家，她的父亲毕业于剑桥大学，是一名统计师，母亲也出生于英国望族。南丁格尔曾在巴黎大学就读，父母对她给予厚望，希望她能从事一份体面的职业，所以起初非常反对她去做护理工作。

🌸 南丁格尔

1849 年，南丁格尔结识了当时在德国护理史上颇具影响力的泰德尔·弗利德纳。次年，她到弗利德纳夫妇在凯撒斯畏斯城创办的女执事训练所见习两周，并写下了论文《莱茵河畔的凯撒斯畏斯学校》，呼吁英国淑女们到凯撒斯畏斯担任女执事。

南丁格尔于 1853 年担任伦敦患病妇女护理会监督。1854~1856 年，在克里米亚战争中，南丁格尔以慈善之心为交战双方的伤员服务。许多士兵从克里米亚返回英国后，把南丁格尔在战地医院的业绩编成小册和无数诗歌流传各地。有一首诗在50 年之后仍在英国士兵们重逢时传诵，诗中称南丁格尔是"伤员的保卫者、守护神，毫不谋私，有一颗纯正的心，南丁格尔小姐，是上帝赐给我们最大的福恩"。由于在战争期间的卓越贡献，当时英国维多利亚女王授予南丁格尔圣乔治勋章和一枚美丽的胸针。

1857年，在南丁格尔的努力下，英国皇家陆军卫生委员会和军医学校成立。1860年，她在英国圣托马斯医院建立了世界上第一所正规护士学校。南丁格尔把护理工作从社会底层提升到了受人尊敬的地位。她撰写的主要著作成为医院管理、护士教育的基础教材。

南丁格尔的办学思想由英国传到欧美及亚洲各国。瑞士慈善家吉恩·亨利·敦安在她的影响下，于1863年在日内瓦成立了国际红十字会。

1901年，南丁格尔因操劳过度，双目失明。1907年，爱德华七世授予南丁格尔功绩勋章，她成为英国历史上第一个接受这一最高荣誉的妇女。

1910年8月13日，南丁格尔在睡眠中溘然长逝，享年90岁。她生前留下的遗嘱长得出奇。她在遗嘱中不厌其烦地、一件件地详细交代了分赠和处理所有遗物的指示。遗嘱里特别叮嘱："埋葬我那凡间躯壳的一抔土，不要有任何纪念性的建筑。"如果这样做不可能，则请把她的遗体"就近入土"，并只立一个简单朴素的十字形墓碑，上面不留姓名，只刻缩写字母和年份。

为了尊重她本人的遗言，她被安葬在家族墓地里。棺木由六名英国陆军军士抬着，安葬到一个很普通的墓穴中。纪念这位巾帼英雄的只有镌刻在家族墓碑上的一行小小的铭文："F. N.，1820年生，1910年卒。"

1912年，国际护士会将5月12日定为国际护士节，以缅怀和纪念这位伟大的女性。

🌼 南丁格尔为伤员做护理

🌼 不被家人认可的善举

一年夏天，南丁格尔一家到茵幽别墅避暑，她不顾家人的强烈反对，去帮助周围的穷人。她不怕脏苦，把自己的时间全部消磨在病人的茅屋中。因为不少病人缺衣少食，她常常硬要母亲给她一些药品、食物、床单、被褥、衣服等。善良的南丁格尔把这些东西用于赈济穷人，以解他们的燃眉之急。

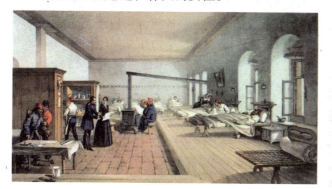

🌼 南丁格尔认真细致的工作，使克里米亚战场上的伤员感到一种久违的温暖。在他们心目中，这个姑娘就是一位美丽的天使。

孟德尔

Gregor Mendel 遗传学的创始人

孟德尔是奥地利一位修道士和业余科学家,最早提出了遗传学中的"分离定律"和"自由组合定律",是遗传学真正的创始人。从孟德尔开始,遗传学有了突飞猛进的发展,在各个领域里得到了广泛的应用。

在生物学的领域,继达尔文的进化论之后,又一重大发现就是生物遗传的分离定律和自由组合定律的发现,它的发现者就是孟德尔。

格雷戈尔·约翰·孟德尔于 1822 年 7 月 20 日出生于奥地利摩拉维亚的海钦夫村(现属捷克的海恩西斯)一个贫寒的农民家庭,他的父亲和母亲都擅长园艺技术。孟德尔童年的大部分时间是在他父亲的花园里栽培植物,自此对种植花木产生了兴趣。孟德尔在学校成绩优异,老师劝他父亲无论如何要让他继续上学。因此,他的父母节衣缩食,艰难地供孟德尔读完了中学和大学。

大学毕业之后,孟德尔自愿从事神职工作,来到了布吕恩的奥古斯修道院。这个修道院与一般的修道院有明显的不同,因为这里的修士要从事教学和科研工作,为科学发展作出重要贡献是这个修道院的重要目标。院长纳普是一位植物学爱好者,孟德尔一进修道院,纳普就指定他给一位植物学家当助手。从此,孟德尔走上了植物学研究之路。

1855 年,孟德尔开始做豌豆杂交实验,这个实验整整进行了 8 年。他遍访种子商,购得了 34 种不

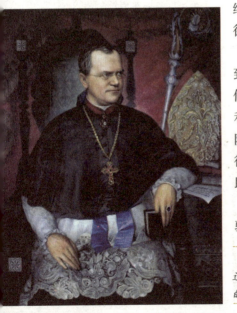

从孟德尔开始,现代遗传学经历了从细胞遗传学到分子遗传再到基因工程的一个又一个新时代,20 世纪也成为真正的现代遗传学的世纪。

🌸 *8 年耕耘源于对科学的痴迷。孟德尔的"豌豆实验"掀开了遗传规律的神秘面纱。*

同品种的豌豆，并从中挑选了 22 种用于实验。他把具有成对的不同性状的豌豆进行人工杂交，再把育出的第一代杂交品种进行第二次互相交配，并对繁育出的第二代杂交品种的性状和数目等进行细致的观察、计数和分析。

通过实验，孟德尔终于发现，在生物体内存在着"遗传因子"——基因，生物的性状特征就是通过基因由亲代传给子代的，由此提出了著名的"分离定律"和"自由组合定律"。他还通过实验研究进一步得出结论，上一代与下一代的不同个体之间的差异叫作变异，遗传与变异是遗传学研究的基本问题之一。这项实验导致他发现了遗传学的基本规律，成为遗传学的创始人。

孟德尔将他的研究发现写成论文，题目是《植物杂交实验》，发表在布吕恩自然科学研究学会的学报上。然而，当时因为受到"达尔文旋风"的影响，没有人关注遗传学；加之他的论文又是在一个不起眼的学报上发表的，所以，并未引起人们的注意。1868年，孟德尔就任布鲁恩修道院院长，从此，他再也无法继续他的科学实验了。

后来，孟德尔将他的论文送到了图书馆，但是仍然无人问津。孟德尔在晚年曾对他的好朋友说："让那些论文先睡上几十年吧，我相信承认我的一天终将到来！"

1884 年 1 月 6 日，孟德尔去世。他的研究成果依旧沉睡于图书馆的某个角落。

1900 年，有 3 位科学家都在从事植物的杂交实验工作，并且都进展到了可以发表成果的程度。当他们查阅文献时，发现在 35 年前的一本不起眼的学报上，有一篇孟德尔的论文。文章表明，早在 35 年前，孟德尔就已经得出了他们想要的结论，这一伟大的科学发现终于重见天日。孟德尔这个名字也由此被世人所熟知。

🌸 隐藏已久的秘密

1865 年，孟德尔在布鲁恩科学协会的会议厅，将自己的研究成果分两次宣读。第一次，他只简单地介绍了试验的目的、方法和过程，与会者兴致勃勃地听完报告。第二次，他着重根据实验数据进行了深入的理论证明。可是，他的思维和实验太超前了，尽管与会者大多是布鲁恩自然科学协会的会员，但对连篇累牍的数字和繁复枯燥的论证毫无兴趣。他们实在跟不上孟德尔的思维。孟德尔用心血浇灌的豌豆所告诉他的秘密，一直被隐藏了 35 年之久！

托尔斯泰

Leo Tolstoy 世界文学大师

托尔斯泰是 19 世纪俄国最杰出的现实主义大师,也是世界最伟大的小说家之一。托尔斯泰的一生是探索的一生,是为人类寻找幸福出路的一生。他的作品,无一不留下他探索的深深足迹。列宁称托尔斯泰为"俄国革命的一面镜子"。

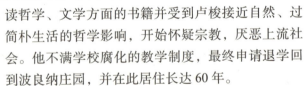

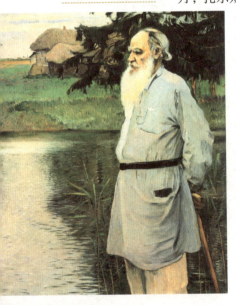

"我写作是因为我喜欢,虽然我知道它是一项非常艰辛的工作,但是我还是要写。"这正是托尔斯泰一生不懈追求的写照。

托尔斯泰曾经说:"我写作是因为我喜欢,虽然我知道它是一项非常艰辛的工作,但是我还是要写。"这正是他一生不懈追求的写照。

1828 年 8 月 28 日,列夫·尼古拉耶维奇·托尔斯泰出生于俄国图拉省一个贵族伯爵世家。他 2 岁丧母,13 岁丧父,家庭的不幸使托尔斯泰的心智过早成熟。

托尔斯泰自小在家庭中接受的是贵族式教育,1844 年 6 月,托尔斯泰进入喀山大学东方语言系。大学期间,他大量阅读哲学、文学方面的书籍并受到卢梭接近自然、过简朴生活的哲学影响,开始怀疑宗教,厌恶上流社会。他不满学校腐化的教学制度,最终申请退学回到波良纳庄园,并在此居住长达 60 年。

1851 年,托尔斯泰随大哥尼古拉一起入伍高加索,参加了在克里米亚战争中的塞瓦斯托波尔的保卫战争,并担任炮兵连连长。在高加索服役的 5 年中,托尔斯泰读了很多文学作品,并确立了他一生的事业——文学创作。

在战斗之余,托尔斯泰创作了自传体三部曲的前两部《童年》《少年》以及《塞瓦斯托波尔的故事》等小说。《童年》发表在《现代人》杂志上,小说描写了一个敏感的生于贵族家庭并喜欢作自我剖析的儿童的精神成长过程。之后，他在作品《少年》中，继续描写了主人公的精神成长过程，体现了他新的道德追求和批斗意识的觉醒。1856 年，托尔斯泰完成了自传性的中篇小说《一个地主的早晨》和自传体三部曲中的最后一部《青年》。其中，影响较大的是《一个地主的早晨》，这篇小说首次表现了托尔斯泰对农民问题的探索，主人公聂赫留道夫反映了当时托尔斯泰思想的主要特征。

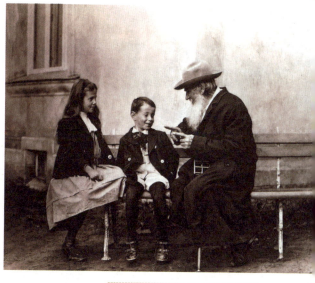

🌾 慈祥的托尔斯泰在给他的孙子们讲故事

1859 年，托尔斯泰在波良纳庄园创办学校，企图用教育改良社会，并把这作为他一生的主要任务。因学校规模不断扩大，声誉日渐提高，沙皇政府对他施加了极大的压力，学校被迫停办。此后，托尔斯泰与莫斯科名医别尔斯的女儿索菲亚结婚。婚后生活十分幸福，这极大地激发了他的创作热情，他先后创作了中篇小说《哥萨克》及长篇小说《战争与和平》等。《战争与和平》一经问世，便在俄国文坛上引起了空前的轰动，被称为是近代的《伊利亚特》。

经过 5 年的艰辛创作，托尔斯泰又完成了另一部轰动文坛的长篇小说《安娜·卡列尼娜》。作者通过主人公安娜追求自由爱情的悲剧和青年地主列文改革社会的悲剧两条主线，深刻地反映了农奴制度改革后的俄国社会现实。

《复活》是托尔斯泰历经 10 年创作的艺术结晶，是继长篇小说《安娜·卡列尼娜》之后集中宣传"托尔斯泰主义"的重要作品，以其卓越的现实主义风格成为世人皆知的经典著作。

托尔斯泰晚年创作了大量的小说、剧本、文论以及政论。其中，较著名的有短篇小说《舞会之后》，剧本《活尸》等。

1910 年 10 月 28 日，托尔斯泰在不被家人理解的痛苦中离家出走。不料，途中得了肺炎，于 11 月 7 日逝世，享年 82 岁。

🌸 真正的艺术

一天，一个法国青年拜访托尔斯泰。他们一同散步闲聊，恰巧旁边有副单杠。青年跑过去一跃而起，抓住单杠做了几个动作，然后骄傲地说："伯爵，这门艺术您大概是外行吧？不过，文人不会武，也不必苛求。"托尔斯泰看了看青年，走到单杠下面，轻松自如地做了几个难度很大的动作。法国青年惊诧得直吐舌头。托尔斯泰从单杠上跳下来后，青年心悦诚服地说："伯爵，您单杠上的动作也是真正的艺术。"托尔斯泰没有说话，只是淡然地笑了笑。

麦克斯韦

James Maxwell

电磁理论的创始人

麦克斯韦是19世纪伟大的物理学家、数学家，现代理论物理学富有创造性的天才，他创立的电磁理论，为后来无线电的诞生和发展奠定了坚实的基础。麦克斯韦是继牛顿之后，对物理学变革做出最大贡献的物理学家之一。

詹姆斯·克勒克·麦克斯韦于1831年6月13日出生在苏格兰首府爱丁堡的一个名门望族。麦克斯韦的父亲是一名律师，非常热爱科学，是爱丁堡皇家学会的会员，经常带他出入爱丁堡皇家学会的科学讲座。这些观念新异的讲座，使麦克斯韦受到了不少的熏陶。他的母亲也受过良好的教育，因此，麦克斯韦小时候是在良好的家庭氛围中长大的。

麦克斯韦8岁时，母亲不幸逝世。10岁时他进入了爱丁堡公学，在低年级时，他并不出众，喜欢独来独往，被教师和同学视为古怪的孩子，但是到了高年级，他便显露出数学方面的才华。1845年，14岁的麦克斯韦写出了第一篇科学论文——《论椭圆曲线》，并将论文发表在爱丁堡皇家学会的最高学术机构——《爱丁堡皇家学会纪事》上，当时许多数学家不相信这篇想法巧妙的论文竟出自于一个少年。

中学毕业后，麦克斯韦进入爱丁堡大学专攻数学和物理学，后来又在剑桥大学三一学院攻读，第二年以优异的成绩获得奖学金。他凭借自己的努力掌握了当时所有先进的数学方法，成为出色的青年数学家。

1854年，麦克斯韦获得博士学位，并留校工作。此间，他被法拉

麦克斯韦于1850年转入剑桥大学学习，毕业后留校任职两年。

第的《电学实验研究》所吸引，但是法拉第的著作没有严密精确的数学公式，所以在理论上还不够严谨，麦克斯韦决定弥补这个不足。1855年，他写了一篇《论法拉第的力线》，这是他第一次用数学形式来表述法拉第的力线概念。论文发表后，引起了物理界的重视，法拉第也给予了他充分肯定。

1856年，麦克斯韦被阿伯丁马里歇尔学院聘为教授。在这4年间，他把主要的精力都转到了科学研究上，曾一度中断了电磁现象的研究工作，将研究课题转向了土星光环运动方面。1857年，麦克斯韦关于土星光环的论文发表了。这篇论文使他获得了以英国天文学家亚当斯命名的亚当斯奖。

1858年，麦克斯韦结识了马里歇尔学院院长的女儿——凯瑟琳·玛丽·迪尤尔，并与她结为终身伴侣。第二年，他发表了《气体分子运动的阐明》，采用反证法，形象地说明了热力学第二定律，对气体动力学理论的发展作出了杰出的贡献。

1862年，麦克斯韦根据自己的理论和实验研究成果发表了第二篇论文——《论物理学的力线》。这是一篇具有划时代意义的论文，在论文中，麦克斯韦首次提出了"位移电流"和"电磁场"等新概念，电磁学从此开始成为一种科学理论。

1873年，他的两卷本巨著《电磁通论》问世，这是一部宏伟的电磁学的百科全书，是集电磁理论之大成的经典著作，麦克斯韦系统地总结了19世纪中叶前后，库仑、安培、奥斯特、法拉第和他本人对电磁现象的研究成果，建立了完整的电磁理论。

1879年5月，麦克斯韦的健康状况开始恶化。11月5日，年仅48岁的麦克斯韦耗尽了自己最后的精力，过早地离开了人世。

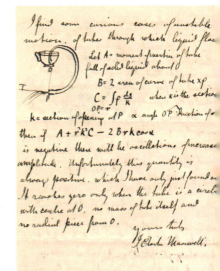

麦克斯韦以其博大的智慧，在电磁学、热力学和天文学研究领域取得了巨大的成就。图为麦克斯韦的手稿。

麦克斯韦是继法拉第之后集电磁学大成的伟大科学家。

麦氏公式

1847年秋天，麦克斯韦考进了苏格兰最高学府爱丁堡大学。他是班上年纪最小的学生，座位在最前排，站队总是在最后，书包里揣着陀螺和诗集。这个前额饱满、两眼炯炯有神的小伙子，很快引起了全班的注意。他不但考试名列前茅，而且经常对老师的讲课提出问题。有一次，他指出一位讲师讲的公式有错误。那个讲师起初不相信，对他说："如果你的对了，我就把它称做麦氏公式！"讲师晚上回家一验算，发现果然是自己讲错了。

诺贝尔
Alfred Nobel 炸药大王

诺贝尔是瑞典杰出的发明家、实业家。他成功研制了炸药,并不断进行完善,在炸药史的发展中起到了开创性的作用。诺贝尔热爱科学,呼吁和平,创立了以其名字命名的奖金,用以鼓励在科学、文学以及人类和平等方面作出重大贡献的人。

诺贝尔一生致力于炸药的研究,共获得技术发明专利355项。

诺贝尔是一个蜚声四海、妇孺皆知的名字。他设立的诺贝尔奖,如今已成为世界上首屈一指的奖励基金,是对人类最高智慧的鼓励和奖赏,激励着每一位为人类作出贡献的杰出人物。

1833 年 10 月 21 日,艾尔弗雷德·诺贝尔生于瑞典斯德哥尔摩,他的父亲是位发明家和实业家。诺贝尔出生后,父亲的家业已经破产,家庭境况开始衰落。诺贝尔从小接受的正规教育很少,但受父亲的影响,他从小就热衷于发明创造。16 岁时,诺贝尔已成为优秀的化学家,并可以流利地说英、法、德、俄、瑞典等多国语言。

在父亲的鼓励下,诺贝尔前往欧洲考察学习。在考察中,新的科学知识像涌出的泉水一样,让诺贝尔不知疲倦地吸收着。返回家中后,他先在父亲的工厂工作,这个工厂主要负责给当时的沙皇俄国供应战争物资。战争的结束给诺贝尔父亲的工厂带来了负面影响,很快工厂就破产了。诺贝尔留在了俄国,创立了一家制造钻孔工具的工厂,此时,他对硝化甘油炸药产生了极大的兴趣。虽然当时已有许多科学家进行炸药的研究了,但由于硝化甘油的威力太大,他们不知道如何控制这种具有强烈爆炸性的液体。诺贝尔经过认真研究,决定为硝化甘油寻找一种相宜的控制方法。

1860 年春天,诺贝尔在斯德哥尔摩市郊建起了一座研制硝化甘油炸药的实验工厂。他花费大量的时间查阅资料，进行着各种各样的实验。然而不幸的事发生了，工厂突然发生了爆炸，诺贝尔的弟弟兼助手连同工厂被凶猛的大火吞没了，诺贝尔则从浓烟中爬出，幸免于难。这次事故是诺贝尔研制炸药过程中遇到的最大一次灾难。

弟弟的惨死让父母悲痛欲绝，公众也对诺贝尔采取敌对态度，但他没有被眼前的困境压倒，继续投入研究中。他决定发明一种更易于操作的、比较安全的炸药。1867年，诺贝尔研制出了黄色炸药，并获得了发明权。

🌺 诺贝尔在研制硝化甘油炸药的实验工厂做实验

它的研制成功使得硝化甘油能以更安全的方式生产，也更容易操作。之后，诺贝尔发现了硅藻土，经过反复实验，制成了硝化甘油和硅藻土合为一体的固体炸药。它最大的优点在于，不会因为震动、撞击、加温而自发地引起爆炸。随后，诺贝尔给这种炸药取名为"达纳炸药"，并申请了专利。此后，他又研制成功了爆炸胶，降低了炸药的生产成本。经过近9年的时间，诺贝尔又发明了无烟炸药。这种炸药不仅便宜，而且可以无限期储存。爆炸胶和无烟炸药被认为是世界炸药史上最杰出的发明，诺贝尔成为名副其实的"炸药大王"，随之而来的是滚滚财富和诸多名誉。

然而，诺贝尔是一个有使命感的和平主义者。在遗嘱中，他将94%的财富用来设立了一个年度奖基金，以奖励全世界在物理学、化学、生理学或医学、文学及和平事业中"对人类作出巨大贡献"的人。1896年12月10日，这位科学家与世长辞，享年63岁。

🌺 力排众异

诺贝尔一天到晚关在实验室里查阅资料，一次又一次地做着各种炸药试验。他的父母明白制造炸药的危险性，所以非常反对，诺贝尔却解释说："改进炸药是很重要的，一旦用在生产上，就会给人类创造极大的财富。危险当然免不了，我会尽量小心的。"从此，诺贝尔经常向亲友宣传解释改进炸药的重要意义。这样，同情、赞助他的人越来越多，连反对他的父母也被他的坚强意志所感动。

伦琴

Wilhelm Conrad Rontgen 伟大的物理学家

伦琴是德国物理学家,他是第一位认识到 X 射线是一种不同于阴极射线的科学家。广博的知识、深厚的造诣、严谨的工作态度和顽强的毅力,最终使伦琴高瞻远瞩地揭示了前人所未知的新现象。

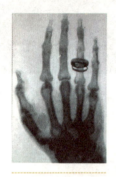

伦琴用 X 射线为克里克尔教授拍摄出的手骨照片

威尔姆·康拉德·伦琴于 1845 年出生在德国的一个商人家庭。3 岁时,全家迁往荷兰,伦琴在荷兰接受教育直到 1865 年。同年,他考取了瑞士的苏黎世综合工业学院,师承两位著名的物理学家,一位是创立热力学第二定律的鲁道夫·克劳修斯,另一位是伦琴的导师奥古斯特·孔特。至此,他已经发表了 48 篇科学论文。

1895 年 11 月的一个傍晚,伦琴正在做阴极射线管中气体放电的实验,这项研究首先要进行大气人工放电的实验。在一个长长的玻璃管两端,一边封入一个正极,一边封入一个负极,当高压电流通过后,管内气体就会放电,同时发出夺目的光彩。伦琴在实验室内正重复着这一众所周知的实验,为了避免可见光的影响,伦琴特地用黑色纸板将玻璃管包起来,并在暗室中进行实验。当他接通高压电源使阴极射线管发光时,他眼前突然闪过一丝绿色的荧光,当切断电源后,荧光也随之消失。伦琴再三重复这个实验,每次都出现同样的荧光。终于,他发现神秘的荧光是由不远处的一个镀有亚铂氰化钡(一种荧光材料)的小屏发出来的。

威尔姆·康拉德·伦琴

小屏为什么能发光呢？为了弄清问题的究竟，伦琴仔细查看了放电管和发出荧光的小屏，但找不到设备上的任何变化。放电管虽然能发出阴极射线，但它在空气中只能通过几厘米，不可能照射到 2 米远的小屏上。伦琴又重复了这一实验，他把

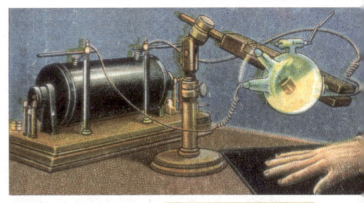

由切伦科夫线圈产生 X 射线的设备用于拍摄手部 X 射线照片

小屏不断挪远，但每次都有荧光出现。伦琴心想，一定是放电管又发出了一种新的射线。伦琴是一个严谨的人，他决定反复进行实验，以验证他的猜想。他分别把木头、铝、橡胶等物质放在放电管与荧屏之间，但结果都被这种神奇的射线所穿透。最后，伦琴找来一块铁板，终于挡住了这种射线。

伦琴对这一新发现紧追不舍，竭尽全力做出全面的检验以得出"完美无瑕的结果"。他在实验室中高度兴奋地连续工作了 7 周，最终确定这是一种新的射线，但因其性质不明，伦琴将它命名为 X 射线。实验结果还表明，X 射线以直线方式进行传播，不受磁场干扰而发生偏转现象，尤其是这种射线具有很强的穿透性，只有少数几种物质对它有吸收能力。

之后，伦琴又做了一个十分有趣的实验，他请自己的妻子来到实验室，让她把手放在用黑纸包严的照相底片上，然后用 X 射线对准手照相。显影后，伦琴夫人的手骨像清晰地呈现在底片上，连手指上的戒指也十分清晰。这是一张具有历史意义的极其珍贵的照片。3 个月后，维也纳医院首次采用 X 射线为人体进行拍片，一个重大发现被如此迅速地应用到实际中也是很少见的。

1895 年 12 月 28 日，伦琴将他的新发现公之于众，几天后便引起了轰动。其反应之强烈，传播之迅速，实为科学史上所罕见。伦琴也因此获得了许多荣誉，其中有 1896 年德国皇帝威廉二世授予他的勋章，也有 1901 年第一届诺贝尔物理学奖。1923 年，伦琴逝世，享年 78 岁。

🌸 天无绝人之路

伦琴 17 岁的时候，被学校开除了学籍，原因是他不肯说出在黑板上画老师漫画的同学的名字。因为这点哥们义气，学校给了他一个极不公正的裁决，他从此离开学校，开始了自学生涯。由于没有毕业证书，他上不了大学。然而，天无绝人之路，1865 年秋，伦琴考入苏黎世大学机械工程系，这是一所开明的学校，凡能通过极为严格的入学考试的考生，即使没有中学毕业证书，同样可以被录取。1868 年，他以优异的成绩获得了机械工程学学位。

爱迪生

Thomas Alva Edison 天才发明家

爱迪生是美国历史上最伟大的发明家之一，他一生痴迷于发明创造，是世界上少有的发明奇才，对人类文明的发展作出了巨大的贡献。爱迪生共拥有 1 093 项发明的专利权，其中，电灯、留声机、电影放映机的发明具有划时代的意义。

如今，爱迪生似乎已经成为发明创造的代名词，他的一生充满了传奇色彩。

1847 年 2 月 11 日，托马斯·阿尔瓦·爱迪生出生在美国俄亥俄州一个叫米兰的小镇，父亲塞缪尔是个木材商人，母亲南希是一个苏格兰裔的加拿大人，他们一共生了 7 个孩子，爱迪生是最小的一个。爱迪生刚出生时身体羸弱，医生及家人认为他先天性不足。

1855 年，8 岁半的爱迪生进了当地的一所白人学校，后来他因为调皮，被学校开除回家。9 岁那年，在母亲南希的指导下开始阅读《自然与实验哲学》，书中讲的是物理和化学上的试验。依据书中的图，他作了很多试验，为日后的发明创造奠定了坚定的基础。

1859 年，爱迪生在火车上卖报纸，他用赚来的钱买了化学药品，放在火车上，在卖报的空暇时间里进行化学实验。有一天，火车经过一处曲折的路基，车身忽然震动起来，实验室里一个放着磷块的玻璃瓶掉在地上打得粉碎，磷因摩擦起了火，把车厢地板也烧坏了。火被扑灭后，车长狠狠地打了他一巴掌，并把他赶下火车。虽然没有发生什么大事，但是爱迪生却因那一巴掌导致听力严重受损。

爱迪生工作非常投入，甚至在他结婚的日子都在试验电灯。

❊ 爱迪生的第一个留声机模型

19世纪60年代，收报机的发明成为爱迪生个人生活的转折点，它标志着爱迪生成为了发明家。1869年6月，爱迪生来到纽约，寻求更大的发展空间。他为华尔街的老板发明了一台股票行情自动收报机，换取了4万美元的收入，自此在海内外声名远播。

1871年，爱迪生与梅莉·史迪威结婚。此后，他将家搬到新泽西州，建立了世界上第一个工业研究所，被称为"发明工厂"。在此期间，爱迪生将自己的发明才能发挥到了极致，除了改进电话，留声机、实用化的发电机都是在这里发明的。

除了留声机，爱迪生的另一项重要发明就是电灯。电灯的试验是爱迪生花费心血最多的一项试验。据说他为了找到合适的材料作灯丝，试验过1600多种耐热材料，还是没有成功。在一次偶然的机会中，他在一本杂志上看到英国工程师斯旺用炭丝做成白炽灯的报告，从中受到启发。他将棉线烧成炭丝，将这种炭丝装进灯泡，再小心地抽干灯泡中的空气，当电灯通电时，发出了亮光，持续了45个小时，电灯照明终于实现了。此后，经过不断改进，他又找到了新的发光体——日本竹丝，发光时间可持续1000多个小时，达到了耐用的目的。

1884年，爱迪生的太太不幸病逝，他沉浸在无限的悲痛之中。后来，经朋友介绍，他又与一位叫米勒的小姐结婚。不久，他又热情饱满地投入新的研究中。1889年，爱迪生又开始了电气领域的另一项发明——电影。1894年，他拍摄了世界上第一部叫作《列车抢劫》的电影，爱迪生再一次声名大噪。

爱迪生晚年虽然疾病缠身，双耳失聪，但充沛的精力使他与年轻时毫无二致。1931年10月18日凌晨，这位人类最为杰出和贡献最多的发明家、科学界少有的奇才在美国去世，享年84岁。

❊ "用得着吗？"

爱迪生未成名前是个穷工人。一次，他的老朋友在街上遇见他，关心地说："看你身上这件大衣破得不像样了，你应该换一件新的。""用得着吗？纽约没人认识我。"爱迪生毫不在乎地回答。几年过去了，爱迪生成了大发明家。有一天，爱迪生又在纽约街头碰到那个朋友。"哎呀，"那位朋友惊叫起来，"你怎么还穿这件破大衣？这回你无论如何要换一件新的了！""用得着吗？反正这里人人都认识我了。"爱迪生仍然毫不在乎地回答。

贝 尔

Alexander Bell 电话之父

在通讯方式如此便捷的今天，如果我们再回头去看看昔日那个时代，或许无法想象与外界失去联系的生活会是怎样的。贝尔的命运是与那细细的电话线连在一起的，电话的发明给他带来了无尽的荣誉，也给人类带来了翻天覆地的变化。

贝尔实现了自己"传遍全球"的理想，他为人类通讯事业作出了不可磨灭的贡献。

亚历山大·格雷厄姆·贝尔于 1847 年出生在苏格兰爱丁堡市，他的父亲和祖父都是著名的语音学家。贝尔很小的时候，父亲就教他怎样清晰、有顿挫地发表演讲，还经常让他自己练习。在父亲的潜移默化下，贝尔对语音复制产生了兴趣，并一心想为有听力障碍的聋哑人排忧解难。

贝尔在学校接受的教育很少，正规的学校不能让他产生浓厚的兴趣，于是家人把他送到了伦敦大学学习声学专业。由于受小时候的影响，他学习兴趣渐渐高涨，很快掌握了人体发声器官和收听器官的构造，这为他发明电话奠定了基础。

1873 年，贝尔被任命为波士顿大学演说术教授。可是没过多久，贝尔就辞去了教授职务，潜心于电话的设计和实验工作。同时，他去求教美国电气物理学家亨利教授。亨利教授给了他极大的鼓舞，拍拍他的肩膀说："你这是一件了不起的发明，干吧！"

科学的道路是艰辛的，天才的火花最终转换成伟大的发明，其间要经历的磨难是常人难以想象的。此时的贝尔既缺经费，又没有技术上的帮助，幸运的是，贝尔 1875 年回到波士顿，结识了一位聋儿学校的校长哈伯德，经费的问题才得以解决。后来，贝尔又结识了年轻的电学专家沃森，两位年轻人克服重重困难，以顽强的毅力进行着实验。

尽管哈伯德认为改进电报机比研制电话更重要，但他还是在贝尔不知情的情况下替他申请了专利。事实证明，这位脾气古怪的老人的做法是对的。因为就在当天下午，另一个发明家格雷也申请了此项专利，如果不是哈伯德先生，电话发明的历史或许就要改写了。

贝尔电话的专利申请于1876年3月3日核准生效，这天正好是他29岁的生日，这项发明后来也成为美国商业史上最赚钱的发明之一。

尽管贝尔在哈伯德的帮助下申请了专利，但真正的电话传声是在1876年3月10日的实验中实现的。想要获得清晰的声音，最大难点在于改变电阻。贝尔设想，在振动膜上装一根金属针，并使针尖接触稀硫酸的液面，振动膜一振动，硫酸液体表面的针便上下浮动，引起电阻的变化，接着以电脉冲的方式传递给受话器一方的电路和电磁铁。

图为贝尔在波士顿大学课堂上用自己发明的第二种电话和地下室的同事通话

之后的两个月，贝尔和沃森又做了很多试验和探索，贝尔还向两个科学团体——美国艺术和科学院及麻省理工学院艺术和科学协会宣布了他们的发明。1876年7月底，为迎接美国百年大庆，政府打算在费城举办一个百年成就展。在众多的发明中，科学家们选中了电话作为展品。这次展览成为电话发展和贝尔生活中具有重大意义的事件。

虽然电话发明使贝尔成了富翁，但是他从来没有中断研究工作。后来，他还发明了几项有用的仪器。1922年，贝尔在波士顿去世。

移居他乡

贝尔的家族有肺病史，他的两个哥哥都死于这种可怕的疾病。有一天，医生告诉他最好换个环境生活，所以他去了加拿大。他在那里从事教聋哑人说话的工作，他教得非常好，所以波士顿有关方面邀请他去本地的一所聋哑人学校执教。他在那座城市取得了巨大成功，后来自己开办了一所学校，他的生活开始稳定下来。

福 特

Henry Ford 汽车之父

福特是一位伟大的发明家和实业家,福特汽车公司的创建者,也是世界上第一位使用流水线大批量生产汽车的人。福特不仅在汽车发展史上写下了光辉的一页,同时也为现代文明的发展作出了巨大贡献。

"制造人人都买得起的汽车"是福特的梦想。如今,福特汽车公司是世界上最大的汽车企业之一。

伴随着人类文明的向前推进,实用主义作为一种哲学思潮越来越为人们所重视。福特设计并研制成功了第一辆汽车,并不断进行改进,终于使汽车变得更加先进和完善。福特,作为一个伟大的实业家和发明家,他所信仰的"福特主义"也渐渐成了世人关注的焦点。

1863年7月30日,亨利·福特诞生在美国底特律附近的一个小镇。他少年时就喜欢摆弄各类机械制品,父亲很支持他,在家里给他设了一个工作台。12岁的时候,福特甚至已经可以帮助周围的人修理钟表了。后来,福特又从父亲那里知道了关于蒸汽机、火车头和动力机床等产品的详细情况,他对机械领域充满着新奇与向往。

1880年春天,未满17岁的福特独自离家来到了底特律。那个时候,底特律正在快速步入机器时代,福特虽然没有正式当过学徒,但他小时候对机械的偏爱使他成了一名成熟的机械师。熟练工人在任何地方都会受到青睐,所以福特没费多大周折就转到底特律最大的造船公司去工作。

1893年,福特在一张五线谱上画出了世界上最早的福特汽车设计图——"福特"一号。根据这个设计,他不分昼夜地工作,"福特"一号终于试制成功了。"福特"一号诞生3年后,汽车逐渐问世,但价格昂贵，车身大，极不经济。福特设想着要制造出一种任何人都可以买得起且易于驾驶的汽车，于是他辞去了工厂的工作，开始专门研究汽车。

1901年，福特的第一辆赛车问世，并在比赛中夺得了冠军。这之后，福特又夜以继日地造出了两部赛车，均为4个汽缸，58.84千瓦。这两部车一部被命名为"999"号，另一部为"飞箭"号。1903年，福特用"999"号参加赛车比赛，不仅赢得了预期的胜利，而且为他带来了名誉和商机。

第一次世界大战之后，福特开始组建工厂。此时，福特公司的汽车销售总量已达全美之最，为他带来了极大的利润，他也开始了越来越大的商业活动。1912年，福特买下了林肯工厂，在德、法、比利时等国也设立了工厂。第二年，福特用50万美元修建了一个大型飞机场，他的兴趣也慢慢从汽车转向了飞机。然而，第二次世界大战时，由于其他汽车公司制造了大量的新型汽车，使福特汽车的销售受到了极大的影响，于是，福特又以旧时的热情全身心地投入对下一代新车的研制中。研制成功的A型汽车不仅外形新颖，而且轻便舒适，功率大，速度快。1929年，福特公司共售出185.1万辆车，占整个汽车工业总数的34%，远远高于其他汽车公司。1909年时，汽车业在工业中排名第20位，而到1929年，它一跃成为工业中的首强，是美国的支柱产业。

1947年4月8日晚，福特去世。同世界上许多传奇人物一样，福特的死引起了世界性的关注，杜鲁门总统、丘吉尔、斯大林都发来了唁电。福特走了，但他所创建的汽车王国却没有倒下，在亨利·福特后辈的带领下，这个汽车王国又迈向了新的征途。

福特的T型车自推出以来，很快便以价格低廉、操作简单、结实耐用等特点令千百万美国人着迷。汽车终于脱去了高贵的外衣，成为普通百姓的宠儿。

最美好的财富

一天，福特去参加聚会，爱迪生也应邀参加。福特想让大家了解自己的发动机设想，于是向身旁的一位先生讲解。此时，福特发现坐在不远处的爱迪生也在侧耳倾听。稍后，爱迪生走过来，对他的设想给予了肯定，并让他画出发动机的草图。福特非常兴奋，匆匆几笔画出了草图。爱迪生把草图仔细研究了一会儿说："年轻人，就是它了，你已经得到它了！"这句话福特永远铭记在心，因为他认为：善于鼓励他人，是人一生中最美好的财富。

莱特兄弟

Wright brothers **飞机的发明者**

飞机，如今已经成为最现代、最方便、最快捷的交通工具。1903 年 12 月 17 日，莱特兄弟驾驶着他们设计制造的第一架飞机，实现了人类梦寐以求的飞行梦想，人们将永远记住这个被载入史册的日子。

任何一项成功的发明都不是偶然的，威尔伯·莱特和奥维尔·莱特两兄弟为了实现人类飞上蓝天的梦想，奉献出了他们毕生的精力。

威尔伯·莱特生于 1867 年 4 月 16 日，奥维尔·莱特则生于 1871 年 8 月 19 日，兄弟俩都出生在美国的代顿市。虽说兄弟俩年龄相差 4 岁，但从幼年起，兄弟俩就对机械产生了浓厚的兴趣，很自然地就玩到了一起。小时候，兄弟俩经常将街上的破铜烂铁搬回家"研究"，常常弄得院子无处下脚。开明的父母并没有阻止他们的行为，对儿子们的爱好总是给予支持和鼓励，兄弟俩身上共有的创造性思想和机械制造才能从小便得到了很好的发挥和展示。

学习期间，兄弟俩不仅是学校里品学兼优的好学生，而且还利用课余时间发明了一种可用来折叠报纸的机器。同时，他们还创办了一份新闻周报《西城新闻》，兄弟俩自己担任编辑，负责出版、发行。

共同的爱好促使兄弟俩和童年的好友辛斯共同成立了一家"莱特—辛斯印刷公司"，由于印刷业务的增加，他们想要制造一台效率更高的印刷机，虽然这架机器违背了机械原理，但却提高了工作效率，

1908 年 8 月，威尔伯·莱特在法国进行第一次试飞，观看者为其欢呼呐喊。

使印刷厂越来越红火。由于难以割舍这份工作，他们放弃了上大学的机会，可是并没有放弃学习。此后，他们也不断地做着各种各样的试验。他们发明了有前后座的双人自行车，制造了一台

WILLS'S CIGARETTES.

LILIENTHAL GLIDING MACHINE.

图为德国青年奥托·李林塔尔正在进行滑翔飞行实验

新式计算机，他们还造了一台比当时所有的打字机都简单得多的新式打字机。

1896 年，一个名叫奥托·李林塔尔的德国青年在进行一次滑翔飞行试验时不幸失事，这件事深深触动了莱特兄弟，他们决定投身到飞机的研制中。他们吸取前人的经验，深入钻研了几乎所有关于航空理论方面的书。几经磨难，他们终于造出了第一架飞机"飞行者"1 号，但是试飞并不理想，兄弟俩于是又忙于对飞机的改进工作。

真正的奇迹诞生在 3 天之后，1903 年 12 月 17 日上午 10 时 30 分，奥维尔驾驶着"飞行者"1 号在北卡罗莱纳州的基蒂霍克海滩成功地进行了一次动力飞行，飞行距离为 36 米，在空中逗留了 12 秒，随后，又由威尔伯做了一次飞行，结果在 59 秒内飞行了 200 多米。人类飞上蓝天的梦想终于实现了。

此后，莱特兄弟又分别造出了"飞行者"2 号和"飞行者"3 号，这两架飞机的技艺提高到了令人惊讶的专业水平。1906 年，他们的飞机在美国获得了发明专利权。后来，经过不断的尝试和努力，飞机愈加完善，他们成立了莱特兄弟飞机制造公司，并成为最早制造飞机的企业之一。

1912 年 5 月 30 日，威尔伯因病医治无效，离开人世，年仅 45 岁。1948 年 1 月 30 日，奥维尔因心脏病突发逝世于霍桑庄园，享年 77 岁。莱特兄弟让人类飞上蓝天的梦想得以实现，他们对航空事业一往无前、不怕牺牲的精神鼓舞着一代又一代的后继者。

不做呱呱叫的鹦鹉

美国发明家莱特兄弟首次飞行试验成功后名扬全球。有一位记者费尽周折找到了兄弟二人，要给他们拍照。弟弟奥维尔谢绝了记者的请求，他说："为什么要让那么多人知道我俩的相貌呢？"当记者要求哥哥威尔伯发表讲话时，威尔伯回答道："先生，你可知道，鹦鹉叫得呱呱响，但是它却不能飞得很高。"就这样，兄弟二人视荣誉如粪土，不写自传，也从不接待新闻记者，只是默默地工作着。

居里夫人

Madam Curie 伟大的女科学家

"在我所认识的所有著名人物中,居里夫人是唯一不为盛名所颠倒的人。"爱因斯坦这样评价居里夫人。的确,作为一位女性,她做出了让世人嘱目的成就,成为迄今为止唯一一位两次获得诺贝尔奖的女科学家。

居里夫人为人类作出了巨大的贡献,但她并没有因此而不可一世。"我的生命是一个简单而平凡的小故事。"她曾这样总结自己的一生。

居里夫人是 20 世纪伟大的女科学家,她做出了在男性主导的科学领域内的成就,对于一位女性而言,是尤为可贵的。谦虚严谨、不骄不躁的处世态度,让她的人格魅力熠熠生辉,不愧是世界杰出女性的典范。

居里夫人原名玛丽·斯可罗多夫斯卡,1867 年 11 月 7 日出生于波兰首都华沙的一个教师家庭。她父亲是一所中学的数学和物理教员,母亲曾当过一所私立学校的校长。在父母的影响下,玛丽从小就对科学产生了兴趣,酷爱学习。然而玛丽的童年却很不幸,当时,波兰正处于沙皇俄国的践踏之下,父亲因对抗沙皇,在学校里备受排挤,经济收入也逐渐减少,姐姐及母亲因病相继去世,玛丽受到了很大的打击。

15 岁时,玛丽以优异的成绩完成了中学学业,并获得了金质奖章,后来用自己做家庭教师赚的钱去巴黎留学。在巴黎大学索尔本理学院,玛丽深深迷恋上了科学,她如饥似渴地埋头于书本。1893 年,玛丽获得了物理学学士学位,第二年,又取得了数学学士学位。

1894 年,玛丽受法国实业促进委员会的委托,研究各种钢铁的磁性。因工作的需要,她结识了法国年轻的科学家皮埃尔·居里,对科学的共同爱好让他们之间产生了爱情,并幸福地结合了。

1897 年，居里夫人发表了第一篇论文《火钢磁性的研究》。这期间，她以敏锐的观察力注意到法国科学家贝克勒耳发现铀盐矿物不受外界条件的影响，能放射出一种新的射线，但究竟是什么力量使铀盐放射出这种新的射线呢？她决定解开这个射线之谜。

1898 年 2 月，居里夫人测量了当时已知的 83 种化学元素，发现除了铀之外，一种名为钍的元素也能发出类似的射线，居里夫人把这些射线命名为"放射性"。此外，居里夫人还发现在沥青铀矿中还存在某种比铀和钍的放射性更强的物质。为了证明这个重大的发现，皮埃尔·居里放弃了自己的研究来协助妻子。

然而，这一发现却引起了科学家的怀疑，为了消除人们的疑虑，居里夫妇决定提炼镭。在经历了无数次的失败后，1902 年，居里夫妇以顽强的意志克服了种种困难，终于提炼出了 0.12 克镭盐，并初步测定出了镭的原子量，证实了镭元素的存在。同年，居里夫妇获得了该年度的诺贝尔物理学奖。

1906 年，皮埃尔因一场车祸不幸去世，悲痛的居里夫人毅然投入他们未完事业的研究中。1910 年，居里夫人分离金属镭获得了成功，并分析出镭元素的各种性质，精确地测定了镭的原子量，与此同时，她还发表了《论放射学》一书。因此，居里夫人在 1911 年第二次获得诺贝尔奖。

多年的实验研究使居里夫人长年累月处于镭辐射之下，身体健康每况愈下，后来经医生诊断，她患了恶性白血病。1934 年 7 月 4 日，居里夫人——这位伟大的女科学家离开了人世，享年 67 岁。

居里夫妇不仅是甜蜜的生活伴侣，而且是事业上的合作伙伴。图为居里夫妇和大女儿的合影。

荣誉就像玩具

居里夫人虽然为人类作出了巨大贡献，但她不求名利。有一天，一位朋友去她家做客，忽然看见她的小女儿正在玩英国皇家学会刚刚颁发给她的金质奖章，于是惊讶地说："居里夫人，得到一枚英国皇家学会的奖章是极高的荣誉，你怎么能给孩子玩呢？"居里夫人笑了笑说："我是想让孩子从小就知道，荣誉就像玩具，只能玩玩而已，绝不能看得太重，否则就将一事无成。"

卢瑟福

Ernest Rutherford **核物理学的奠基人**

卢瑟福是 20 世纪最伟大的实验物理学家之一,在放射性和原子结构等方面,都作出了重大的贡献,与牛顿和法拉第齐名。卢瑟福开创了物理学中一个新的分支——放射学。他关于原子核和原子有核结构的发现,是物理学史上一个划时代的贡献。

欧内斯特·卢瑟福 1871 年 8 月 30 日诞生在新西兰纳尔逊附近乡村的一个工匠家里,他有 12 个兄弟姐妹,他排行老四。

卢瑟福在致力于科学研究的同时,还撰写了大量的学术论文,他的许多科学巨著一直是物理学界的经典著作。

15 岁时,卢瑟福考取了莫尔伯勒省奖学金,1887 年 2 月进入了纳尔逊学校接受中等教育。在中学里,卢瑟福的数学和化学成绩非常好,这也为他日后走上科学道路打下了坚实的基础。1888 年,卢瑟福考取了初级大学奖学金,第二年年初他便进入新西兰大学坎特伯雷学院学习。在那里,数学和自然哲学教授库克、化学和物理教授毕克顿教给他科学的思维方法和扎实的实验技术。在校期间,卢瑟福以非常好的成绩取得了文学硕士学位。同时因为他在数学方面的特长,获得了继续留校深造的机会。在此期间,他成功地设计了一部高效率的检波器。

1894 年,卢瑟福以《使用高频放电法使铁磁化》的论文获得了理学学士学位。同年,他又当选为新西兰科学学会会员。从此,这个 23 岁的青年人迈出了他科学研究的第一步。1895 年,因他在科学领域的开拓性研究工作而获得英国"博览会科学奖奖

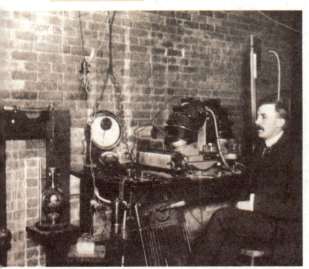

学金"，随后他又被选送到剑桥大学卡文迪许实验室进一步深造，成为汤姆逊教授的研究生。

1895年，X射线被发现之后，卢瑟福与汤姆逊一起投入X射线的本质及其对气体导电所产生影响的研究工作中。在实验中，他们发现X射线可以产生大量带正负电的离子，不久，卢瑟福又自己发明了测定这些离子速度和复合率的方法。后来，他用镭来检验X射线。在研究中，他又发现了两种射线，就是我们今天耳熟能详的α射线和β射线。在他的论文《铀辐射及其产生的电传导》中，他详细地说明了α射线和β射线的性质，指出α射线易于被吸收，β射线具有很强的穿透性，这就为后来人们广泛地应用它们指明了方向。

除了实验必需品，没有其他设施。卢瑟福就是在这样简陋的实验室里完成了诸多放射学和原子结构方面的研究。

随着研究的不断深入，卢瑟福与英国化学家索迪共同研究放射性。在对钍的研究中，他们分离出了一种放射性比同重量的钍大千倍以上的新物质，并命名为"钍X"，这就是后来我们知道的同位素。

正是对α粒子散射实验的系统研究，使得卢瑟福对"原子是组成物质的基本单位"的说法产生了怀疑，他提出了原子核的存在，并据此提出核式原子模型，最终代替了在原子论思想领域统治了2300年之久的德谟克利特原子观念。1908年12月，诺贝尔奖委员会基于卢瑟福在"元素蜕变和放射性物质化学方面的研究"成就，授予他1908年度诺贝尔化学奖。

卢瑟福对元素放射和原子结构的研究，为他赢得了世界性的声誉。他被选为许多学术机构的会员，并被封为爵士，成为核物理学当之无愧的奠基人。1937年10月19日，卢瑟福与世长辞，享年66岁。

"是我制造了波浪"

卢瑟福属于性格极为外露的人，他总是给见过他的人留下深刻的印象。卢瑟福个子很高，声音洪亮，精力充沛，信心十足，并且极不谦虚。当他的同事评论他有不可思议的能力并总是处在科学研究的"浪尖"上时，他迅速回答道："说得很对，为什么不这样？不管怎么说，是我制造了波浪，难道不是吗？"几乎所有的科学家都同意这一评价。

马可尼

Guglielmo Marconi **无线电之父**

马可尼在无线电通讯的研究方面取得了令世人震惊的成就，他首次让无线电穿越英吉利海峡，穿越大西洋，实现了两个国家之间的第一次无线电联络。如今，无线电通讯已成为全球性的事业。

19世纪末期，一些人开始意识到电磁波可以应用于无线电通信技术中。马可尼对无线电通讯进行了深入研究，并取得了令世人震惊的发明，因此被誉为"无线电之父"。

1874 年 4 月 25 日，古列尔莫·马可尼出生在意大利以北的古城波伦亚。他的家庭十分富裕，从小在家庭教师的指导下学习。少年时，马可尼就对科学产生了极大的兴趣，经常自己动手做一些小玩意。16 岁时，他接触到了有关赫兹实验的文章，并且受到了很大的震动，开始一边收集资料一边进行实验。

1894 年，马可尼利用简陋的设备，如感应线圈、接收机上的金属检波器、火花放电器（即振荡器）以及几根电池等进行了简单的无线电实验，并取得了初步成功。在此后的研究中，他不断进行改进，1895 年秋天，电波信号已经可以发射到 2.7 千米左右。这一成功使马可尼更加确信无线电在通信中的潜力，他从此产生了让无线电布满全球的伟大理想。

为了进一步扩展无线电事业，马可尼于 1896 年来到了伦敦，为无线电申请了专利。1897 年 5 月，马可尼发送的信号第一次越过布里斯托尔海湾。在实验中，为了增加天线的高度，他用风筝做收发天线，距离一下子扩大到了 14.5 千米。不久，马可尼又筹办了电报与电信公司，还在英国维特岛的阿鲁姆湾建立了一座命名为尼特

❀ 马可尼与他钟爱的无线电装置

的无线电台,使更多的人了解到了无线电的神奇力量。

1898 年 7 月,爱尔兰首都都柏林的《每日快报》成了第一份用无线电发送新闻的报纸。第二年 10 月,在美国举行的美国杯国际帆船大赛中,马可尼在两艘船只上装备了无线电设备,向纽约市报界报道了这次盛大比赛的进展情况。这次报道的成功,使社会各阶层更加关注无线电。

1899 年 3 月,无线电穿越英吉利海峡,英法两国间第一次进行无线电联络。当时,马可尼的名字几乎传遍了全世界,他被邀请到澳大利亚、巴西、中国等地做无线电通信的示范。同年 7 月,无线电通信装置第一次在英国海军演习中使用,并获得了极大的成功。随后,马可尼又产生了让无线电横跨大西洋的设想,可是他的这一设想却遭到了一些人士的嫉妒与诽谤,但马可尼仍然坚持不懈地进行研究。经过大量艰巨的实验,1901 年 12 月 12 日,无线电信号终于成功地飞越了 3 200 千米的大西洋,从遥远的英国传到了加拿大的纽芬兰。

1909 年 12 月,35 岁的马可尼因为在无线电通信史上的贡献,获得诺贝尔物理学奖。

马可尼晚年的研究都是在海上进行的,他专门为自己买了一艘游艇作为海上实验室。1926 年,马可尼用埋头研究了 6 年的短波无线电,完成了一套用此系统覆盖整个英国的宏大工程。此后,短波电台在南非、印度等许多国家陆续建立,马可尼完成了让无线电台布满全球的理想。1937 年 7 月 20 日清晨,马可尼因病去世,享年 63 岁。

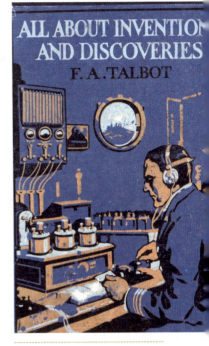

图为工作人员正在用无线电发送电报

从小立志

马可尼从小就是一个很有独立见解和创造精神的人,当他还是少年时就制作了许多种神奇的装置,显示出超人的才华。马可尼小时候常常随母亲坐船飘洋过海去英国甚至是北美探亲访友。旅途中,当船只航行在一望无际的大海上时,常常遇到一些意想不到的麻烦,可是又无法和陆地及其他正在航行的船只取得联系。于是,他常常想,能不能找到一种通信工具,当船在海上航行时,也能和陆地取得联系呢?找到这种通信工具,成为他最大的理想。

爱因斯坦
Albert Einstein 世纪伟人

爱因斯坦是 20 世纪最伟大的自然科学家，也是人类历史上最具创造性才智的人物之一。他提出了举世闻名的狭义相对论。爱因斯坦视科学如生命，一生执著于事业，他的研究成果在科学的发展道路上矗立起了一块块里程碑。

爱因斯坦是科学、智慧、公正、真理的化身，他永远虚怀若谷地探索着未知的真理世界。1999 年 12 月 26 日，爱因斯坦被美国《时代》周刊评选为"世纪伟人"。

1879 年 3 月 14 日，阿尔伯特·爱因斯坦出生于德国南部乌尔姆城内一户普通的犹太人家里。因经济原因，爱因斯坦的童年生活很动荡，历经数次搬家。尽管家庭经济困难，但他的父亲有着极高数学天赋和文学造诣，母亲受过良好的音乐熏陶，所以为爱因斯坦的成长创造了一个良好的文化氛围。爱因斯坦 6 岁时，就在母亲的指导下开始了小提琴的指法练习，他成为科学家时，已有了很高的音乐造诣。音乐为他驱散了忧郁和喧嚣，也开启了他非凡的思维能力，引导他在科学的王国里自由地遐想。

爱因斯坦是 20 世纪最伟大的自然科学家，同时还是一个具有高度社会责任感的正直的人。崇尚宁静，偏好孤独是他个性的体现。

爱因斯坦年少时就有着强烈的好奇心和求知欲。1894 年，爱因斯坦的家由德国慕尼黑迁往意大利米兰。1896 年 10 月，爱因斯坦考入瑞士苏黎世工业大学师范系，学习物理知识。在大学里，爱因斯坦并不是一个很突出的学生，他离群索居，不为人喜欢。爱因斯坦曾说过："我总是生活在寂寞之中，这种寂寞在青年时代使我感到痛苦，但在成年时却觉得其味无穷。"

1900 年，爱因斯坦毕业于苏黎世工业大学，并完成他的第一篇科学论文——《由毛细管现象所得的推论》。这一年，也是爱因斯坦科学探索之路的起点。

1905 年是爱因斯坦在科学生涯中取得辉煌成就的一年。他完成了多篇科学论文，其中有 4 篇成为物理学不同分支发展道路上的重要标志。其中《分子大小的新测定法》使爱因斯坦获得了博士学位，另一篇名为《论运动物体的电动力学》，爱因斯坦在这篇论文中提出了举世闻名的狭义相对论，这一划时代的成就，是他 10 年心血的结晶。1916 年，爱因斯坦在老同学格罗斯曼的帮助下，发表了《广义相对论的基础》，这篇论文是广义相对论在理论上的完整形成。在这个理论中，爱因斯坦将相对性原理推广到引力场中。他将同时代的科学家们远远抛到了探索的后面，在科学的发展道路上矗立了一块新的里程碑。这一年，无疑也是爱因斯坦在科学探索之路获得最大成功的一年。

1933 年，爱因斯坦的生活出现了重大转折。德国纳粹势力获得政治权力后，对犹太人、和平主义者、民主主义者进行残酷迫害。爱因斯坦一贯主张和平，反对战争和暴力，此时他迁居美国，在普林斯顿高等研究院从事理论物理的研究工作，并发表了《不回德国声明》。他还亲自给当时的美国总统罗斯福写信，建议抢在德国之前制造出原子弹，以免德国纳粹先造出原子弹给人类带来巨大的危害，体现了他的和平主张。

爱因斯坦晚年致力于统一场的研究。1949～1950 年，他发表了《关于广义引力论》，虽然被许多科学家驳斥，但他依然不知疲劳地进行着研究。1955 年 4 月 18 日，爱因斯坦在普林斯顿的家中病逝。

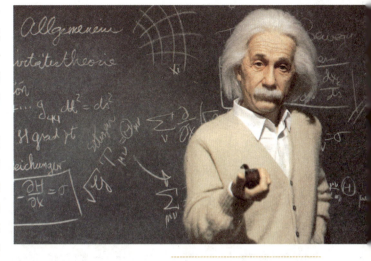

🌸爱因斯坦虽然习惯于生活在寂寞之中，但是他很愿意把自己的知识传授给更多年轻人。图为韩国首尔科学博物馆前的爱因斯坦微型雕塑。

🌀 迷路

有一天，爱因斯坦回家时边走边想问题，不知不觉走到一个陌生的地方。当他发现自己迷了路时，想问别人，却偏偏忘了自己家的住址。幸好他还记得办公室的电话号码，就往办公室打了一个电话，他怕秘书笑话，便假装询问："请问，爱因斯坦的家住在哪里？"秘书没有听出是爱因斯坦的声音，就说："对不起，爱因斯坦博士不愿别人打扰他，他的家庭地址是不能奉告的。"这时爱因斯坦不得不说："我就是爱因斯坦呀。"秘书听后大吃一惊。

海伦·凯勒
Helen Keller **自强不息的作家**

海伦·凯勒是一位杰出的女性。作为一名残疾人，她克服了自身的种种障碍，顽强地拼搏着。海伦·凯勒通过自己的工作，为全世界盲人及其他残疾人作出了巨大贡献。她的自传体作品《我的生活》鼓舞了许多人，为人类带来了无限光明。

海伦·凯勒的一生可以说是极不平凡的一生，她以超乎常人的毅力和进取精神，为自己的生命创造了奇迹。

1880 年 6 月 27 日，海伦·凯勒生于美国南端阿拉巴马州图斯库摩比亚的一个小镇上，她的父亲是一名上尉军官，母亲是一位温柔和蔼的女性。海伦·凯勒是家里的第一个孩子，她的降临给父母带来很多欢乐。然而不幸的是，在 20 个月左右的时候，她突然得了一种疾病，医学称之为"大脑急性出血"，这场病改变了她的一生。

病愈后，海伦·凯勒虽然保住了性命，却从此失去了听力和视力。对于一个不足 2 岁的孩子来说，这就意味着她将永远幽闭于黑暗、沉寂、孤独的世界中，未来的生活难以想象。仿佛是上帝仁慈的安排，此时，她的生命中出现了一位影响她一生的人，这就是她的家庭教师——安利·沙利文。安利·沙利文小姐的出现成为海伦·凯勒一生决定性的转折，这位家庭教师和蔼善良、有耐心并具有牺牲精神。在她的耐心指导下，海伦·凯勒幼小的心灵被开启，不仅获得了知识、意识和对人生的理解，而且充满了仁爱、光明和希望。

海伦·凯勒凭借着顽强的毅力，使自己原本黯淡的生命绽放出耀眼的光彩。

在最初学习的日子里，沙利文小姐想尽一切办法来让海伦·凯勒认识这个世界。将水滴在她的掌心，然后再在她的掌心中用手指写上"水"这个单词，让她触摸事物，继而写出它们的名称……渐渐地，海伦·凯勒掌握了 26 个字母，学会了大量单词，学习模仿器官运动的方法进行发音。最终，海伦·凯勒说出了模糊的字母发音，逐渐能与外界进行交流了。在医学的年鉴上，海伦·凯勒是第一个学会语言交流的盲聋哑儿童。

🌺 海伦·凯勒在与自己的家庭教师——安利·沙利文下象棋。

1900 年 9 月，海伦·凯勒考入哈佛大学拉德克利夫女子学院，实现了她上大学的夙愿。在大学里，除了上课之外，她坚持写作，她的文章文字优美，组织巧妙。此时她的父亲已经去世，母亲无力供她继续上学了，她便通过写作来赚取生活费用。她的写作才能被文学教授发现后，大加赞赏与鼓励。她开始以自己的生活为原型，着手《我的生活》，尽管出版后并不畅销，但已经足以让她过上自给自足的安定生活。

海伦·凯勒渐渐成为公众人物，并开始从事社会工作，但她并没有停下手中的笔。在《我的生活》完成之后，她用了 10 年的时间，写完《老师》一书，这是献给沙利文小姐的，字里行间流露出无比的感激之情。

20 世纪 30 年代，海伦·凯勒在沙利文的陪同下，访问了欧洲和亚洲各国。她非常关心聋哑盲人的状况，为他们呼吁，为他们募捐。为此，许多国家授与海伦荣誉学位和奖章。

1968 年 6 月 1 日，海伦·凯勒与世长辞。她坚强的意志和卓越的贡献感动了全世界，各地人民纷纷开展了纪念她的活动。

🌺 感受"爱"

沙利文老师经常带海伦·凯勒去体验大自然，教她怎样去欣赏树木的芬芳，花朵的美丽，她获得的知识越多，就越感到这个世界的可爱。有一天，沙利文老师引导海伦·凯勒，什么是"爱"。她说："你知道吗？被烈日暴晒的花朵和土地，在获得雨水时是多么高兴啊！而'爱'也是无形的，但你可感受到爱带来的甜美。没有爱，你将无法提起兴致，而变得死气沉沉。"老师的这些话在海伦·凯勒的脑海中激荡，她逐渐体会到什么是"爱"。